정셈의
양도소득세 절세 전략

양도소득세에 대해 알아두면
도움이 되는 내용 위주로 선별

정한영 지음

양도소득세의
기초적인
이해를 돕는 것

알아두면
도움이 되는
내용 위주로 설명

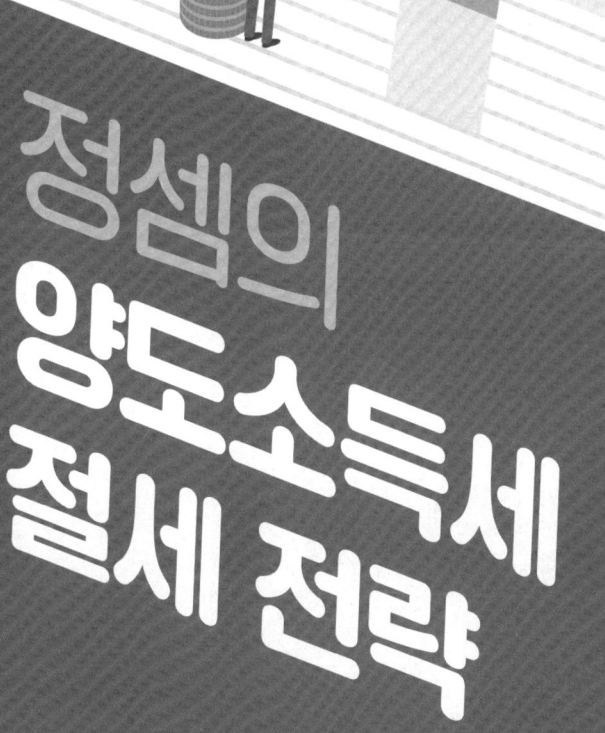

정셈의
양도소득세
절세 전략

좋은땅

머리말

제가 세무사가 되고 세무사사무실을 개업했을 때 잘하고 싶고, 많이 다루고 싶은 세금이 '양도소득세'였습니다. 세무사로서 양도소득세에 대해 세무전문가로 부족하지 않게 실력을 갖추기 위해 노력을 해 오고 있습니다. 양도소득세는 다른 세금과 다르게 공부를 하면 할수록 어려움이 많이 느껴지고 어느 순간 자신감을 잃어버리는 세금이라는 느낌이 들기도 합니다.

사업자와 비사업자 모두 관심을 갖는 세금 중에 하나가 아마 양도소득세일 것입니다. 양도소득세는 상속·증여세와 더불어 재산에 대한 대표적인 세금입니다. 부동산을 취득하여 보유하고 있다가 처분하여 양도차익을 얻으면 내는 세금으로 이해하고 있습니다. 특히 부동산은 재산을 만들어 가기 위해서는 필히 투자해야 하는 재산으로 받아들여지고 있어서, 부동산으로 차익을 얻으면 피할 수 없는 세금이 양도소득세입니다.

그래서 많은 분들이 양도소득세를 피하고 싶고, "이렇게 많이 내는 게 맞나?", "조금이라도 양도소득세를 줄일 수 없을까?" 하고 고민합니다.

양도소득세를 직접 알아보려고 책을 구입해서 공부를 시작하면 많은 난관에 부딪칩니다. 먼저 용어가 어렵습니다. 세금마다 법률용어가 있는

데, 이 용어 자체가 어렵고 낯섭니다. 그리고 양도소득세가 양도차익에 대한 세금이니 구조가 간단할 거라 생각하지만, 해당 규정들이 매우 어렵습니다.

세무전문가가 아니어도 양도소득세에 대해 쉽게 접근할 수 있고, 기본적인 내용을 이해할 수 있는 책을 목적으로 이 책을 집필했습니다.

양도소득세를 주제로 책을 쓰면서 많은 내용을 다루고 싶지만, 책 내용도 많아지고 그 내용도 어려워지기에 필요한 정도만 담았습니다.

많은 분들이 공통적으로 관심을 가질 만한 내용으로 주택이 아닐까 합니다. 그래서 주택 양도소득세에 대해 여러 주제를 정해서 설명을 했습니다. 예전이나 지금이나 주택에 대한 관심 특히 아파트의 관심이 뜨겁고, 예전보다 관심이 줄어들었지만 재개발·재건축 주택에 대한 세금에 대해서도 내용을 실었습니다. 그 외에 양도소득세의 기본개념, 일반건물에 대한 양도, 토지에 대한 양도, 주식에 대한 양도, 가족에게 재산 형성 목적을 위한 양도 등에 대해서도 내용을 다루었습니다.

책의 내용은 각 주제에 대한 기본적인 내용을 중심으로, 주위에서 또는 매스미디어나 SNS에서 많이 접하는 것을 위주로 정했습니다.

매년 양도소득세 개정으로 바뀐 규정을 공부해야 하고, 납세자마다 상황이 다르기 때문에 이 책으로 모든 걸 해결할 수 없습니다. 그러나 양도소득세의 기본적인 내용과 흐름을 어느 정도 이해하고 있다면, 세무전문가와 양도소득세 상담을 할 때 능동적이고 유익하게 상담을 할 수 있을 것입니다.

상담을 하면서 안타까운 점이 납세자가 무엇을 물어봐야 할지, 추가로 어떤 것을 물어봐야 할지 잘 모른다는 것입니다. 납세자가 양도소득세에 대해 최소한의 지식이 있고, 본인의 상황에 대해 인지를 잘 하고 있다면 상담을 통해 얻는 것이 많을 것입니다.

양도소득세에서 중요한 것은 재산을 취득하기 전에 세무전문가와 상담을 받는 것이고, 보유 중에 중간점검 차원에서 상담을 받고, 처분하기 전에 상담을 받는 것입니다.

양도소득세 과세대상 재산을 처분하면 양도소득세는 피할 수가 없습니다. 미리 알면 현명한 선택을 하는 데 도움이 됩니다. 양도소득세가 걱정돼서 양도할 타이밍을 놓치거나 잘못된 선택으로 손해 보는 일을 막을 수 있습니다.

이 책은 양도소득세에 대해 알아두면 도움이 되는 내용 위주로 선별하여 설명하는 데 목적을 두었습니다.

양도소득세를 시작하는 이야기

대한민국에서 부동산은 매우 중요합니다. 특히 아파트는 모든 세대에게 중요한 부동산입니다. 한국에서 아파트는 거주 공간이자 투자 대상으로, 양도소득세와는 뗄래야 뗄 수 없는 관계이기도 합니다.

"아파트를 팔았더니 세금이 이렇게나 많이 나왔어요."

"옆 동에 사는 사람이 같은 평수의 아파트를 팔았는데 저보다 세금이 절반도 안 되게 나왔어요."

"올해 지방에 땅이 있는데 개발이 된대요. 그런데 세금이 많이 나와 걱정입니다."

"고등학교 친구가 이번에 양도한 집이 오래전에 재건축한 집인데, 생각했던 것보다 세금이 적게 나왔대요."

"해외에 투자한 주식이 수익이 많이 나서 좋은데, 양도하면 세금을 꼭 내야 한대요."

"상속받은 지 30년도 더 된 땅이 있는데 마침 사겠다는 사람이 있어서 팔려고 합니다. 그런데 매매가의 절반을 세금으로 내야 한다니 무척 억울합니다."

부동산이나 주식으로 이익을 얻고 싶은 분들은 위와 비슷한 말을 많이 들어 봤을 것입니다.

양도소득세는 많이 들어봤지만, 종합소득세처럼 매년 접하는 세금이 아니라서 부동산 같은 자산을 매도할 때 처음 접하게 되는 경우가 많습니다. 주식거래도 상장주식을 거래하는 경우 대주주가 아닌 이상 대부분이 소액주주여서 양도소득세를 신고할 일이 없습니다.

서울의 집값이 계속 오르고 있고, 급여로는 서울에 아파트뿐만 아니라 빌라도 구입하기 어려운 것이 현실입니다. 그래서 재테크는 필수로 여겨지고 있습니다. 세대와는 무관하게 국내주식 투자 외에 가상자산과 해외주식투자에도 큰 관심을 갖고 투자하고 있습니다.

무주택자가 힘들게 주택을 마련했는데, 세월이 흘러 그 주택의 가격이 꾸준히 올라 고가주택이 된 경우 양도를 하면 양도소득세를 부담해야 합니다. 1주택자가 다주택자가 되어 양도소득세를 부담할 수도 있고, 부모로부터 주택을 상속받아 양도소득세를 고민할 수도 있습니다.

매달 월급에 일부를 해외 주식을 매수하여 투자를 해 오고 있는데, 높은 수익률을 얻고 있습니다. 어느 날 분양받은 아파트에 잔금 납부를 위해 해당 주식을 처분하려는 경우 양도소득세를 부담해야 합니다.

재테크를 잘해 많은 이익을 얻었지만, 양도소득세로 양도차익에 많은 부분을 양도소득세로 납부하는 상황이 있을 수 있습니다. 흔히 이런 상황을 세금폭탄 또는 양도세 폭탄을 맞았다고 합니다.

양도소득세는 자본이득세로, 양도차익을 양도소득세 납부 전과 후를 세전 이익과 세후 이익으로 구분할 수 있습니다. 투자에 따른 수익률을 양도소득세 납부 전 수익률을 세전 투자수익률로, 양도소득세 납부 후 수익률을 세후 투자수익률로 구분할 수 있습니다.

양도소득세는 부동산과 주식투자에 따른 투자이익과 투자수익률에 큰 영향을 미치는 세금으로 절세가 중요하다는 것은 당연합니다. 절세를 위해서는 먼저 양도소득세에 대해 자세히 알아야 합니다.

이 책은 양도의 기본개념, 주택 양도소득세, 입주권과 분양권의 양도소득세, 토지 양도소득세, 주식 양도소득세 등 주제별로 나눠 설명을 하고 있습니다.

이 책의 내용은 어디까지나 양도소득세의 기초적인 이해를 돕는 것으로, 독자의 상황에 따라 양도소득세는 달라질 수 있습니다. 양도를 계획하고 있는 경우 매매계약을 하기 전에 꼭 세무전무가와 상담하는 것을 권해 드립니다.

목 차

머리말   4
양도소득세를 시작하는 이야기   7

PART 01 양도의 기본개념

00. 양도소득세 관련 용어   17
01. 양도란?   20
02. 양도소득세란?   23
03. 어떤 자산을 팔 때 양도소득세가 있을까?   26
04. 부동산을 사고 팔 때까지 부담하는 세금은?   30
05. 부동산을 살 때 자금출처 소명을 못 하면 증여세가 부과될 수 있다   32
06. 양도소득세 신고·납부기간   34
07. 양도소득세 납세의무자   37
08. 양도소득세는 과세기간별로 과세한다   39
09. 양도소득세 과세대상 자산을 양도했는데, 양도로 보지 않는 경우들   41
10. 양도일과 취득일   44

PART 02 양도를 하기 전에 고려해야 할 것들

11. 부동산을 여러 번 처분할 때 순서에 따라 절세가 가능하다   49
12. 상속받은 부동산을 6개월 이내에 팔면 양도소득세가 없다   52
13. 증여받은 부동산을 3개월 이내 팔면 증여세 폭탄을 맞을 수 있다   54

14. 가족에게 증여받은 부동산을 10년 이내에 팔면 양도소득
    세 폭탄을 맞을 수 있다 57
15. 배우자에게 주식을 증여하고 1년 이내 처분하면 양도소득
    세 폭탄을 맞을 수 있다 60
16. 아래층은 상가이고 위층은 주택인 건물을 양도하면 양도소득세는? 63
17. 부모 자녀 간에 부동산을 매매할 때 주의점은? 66
18. 이혼할 때도 양도소득세를 낼 수 있다 70
19. 이중계약서(다운계약서)로 양도소득세를 신고하면 불이익
    을 받을 수 있다 73
20. 오피스텔은 주택 수에 포함될까? 75
21. 부동산 수선유지비와 양도소득세 필요경비 78
22. 세대와 주택 수 81
23. 양도일과 재산세·종합부동산세와의 관계 83
24. 두 자산을 양도했는데, 한 자산은 손실이 나고 다른 자산은
    차익이 발생한 경우 85

PART 03 주택 양도소득세

25. 주택이란 91
26. 세대(또는 가구)란? 94
27. 주택을 구입하여 보유할 때 어떤 세금을 내야 하나요? 97
28. 1세대 1주택 양도소득세 비과세 100
29. 2주택자가 양도소득세 비과세를 받을 수 있을까? 103
30. 다주택자의 중과세 제도 108
31. 무허가주택은 주택에 포함될까? 111
32. 폐가는 주택일까? 114
33. 한 건물에 상가와 주택이 같이 있는 겸용주택의 양도소득세 118

34. 미분양 주택에 대한 양도소득세 감면 특례	123
35. 등록임대주택(장기일반임대주택)과 양도소득세 혜택	125
36. 고가주택과 양도소득세	129
37. 재개발·재건축과 양도소득세	132
38. 상생임대주택의 양도소득세 특례	136

PART 04 입주권·분양권의 양도소득세

39. 조합원입주권과 (아파트)분양권	141
40. 조합원입주권 양도	144
41. 아파트 분양권 양도	147
42. 1주택자가 조합원입주권을 취득하고 종전 주택 양도에 따른 비과세 적용 시 유의사항은?	149
43. 무주택자인 조합원입주권 소유자가 대체주택을 취득하고 준공이 되어 대체취득한 주택을 양도하여 비과세를 받으려면?	152
44. 1주택과 1조합원입주권을 보유 중일 때 일시적 양도소득세 비과세 특례 판단 시 조심해야 한다	154
45. 지역주택조합에 현물출자 및 입주권을 양도하는 경우	156

PART 05 토지 양도소득세

46. 토지 양도와 중과세율 제도	161
47. 토지를 양도할 때 중과세를 안 하는 경우	166
48. 상속받은 나대지를 양도하면 양도소득세가 중과세 될까?	169
49. 농업인이 농사짓는 농지를 양도하면 양도소득세 감면을 받을 수 있다	171
50. 토지가 수용되면 양도소득세 감면을 받을 수 있다	174

51. 농지대토에 대한 양도소득세 감면	177
52. 대토보상의 양도소득세 특례	180
53. 개발제한구역(그린벨트)의 토지 양도의 특례	183
54. 한 필지의 토지를 분할하거나 지분을 나눠서 양도하면 괜찮을까?	186
55. 나대지를 노상주차장 토지와 하치장 토지로 사용 시 사업용 토지 판단은?	190
56. 기타 토지(잡종지 등)의 경우 비사업용 토지 판단은 어떻게 하나요?	193
57. 나대지에 건물을 신축하다가 양도하는 경우 비사업용 토지에 해당하나요?	196

PART 06 주식 양도소득세

58. 주식을 팔면 양도소득세가 있다	201
59. 주식의 취득·양도시기와 취득가액 산정	205
60. 중소기업이란?	209
61. 비상장주식 평가 및 양도소득세와 증여세	211
62. 해외주식을 양도할 때 국내주식과의 차이점	216
63. 해외주식 손실을 통산하여 절세를 할 수 있다	218

PART 07 국외 부동산 양도

64. 국외 부동산과 양도소득세	223
65. 해외 부동산을 취득·보유·처분 시에 관련 절차들	224
66. 국외 부동산등의 양도가액과 필요경비	227
67. 양도차익 계산 시 외화환산	229
68. 해외부동산과 국내부동산 양도의 차이점	231
69. 해외부동산 양도와 외국납부세액공제(이중과세 방지)	233

PART 08 기타 사항들

70. 기준시가란	237
71. 기준시가 산정의 예외적인 사례들	240
72. 장기보유특별공제	243
73. 토지와 건물을 일괄취득 또는 일괄양도하는 경우	246
74. 교환거래를 한 경우 양도소득세	249
75. 매매계약 특약으로 잔금청산 전에 주택을 멸실하면 주택을 양도한 것일까요?	252
76. 양도소득에 대한 개인지방소득세(종전 소득할 주민세)	254
77. 양도소득 기본공제	257
78. 개인사업자의 법인전환과 양도소득세 이월과세	259
79. 부동산의 취득가액을 알 수 없는 경우 취득가액은?	263
80. 임야(또는 임지)와 입목(임목)을 일괄 양도하는 경우 양도가액은 어떻게 구분할까?	267
81. 공매(경매)로 집이 넘어갔는데 양도소득세를 내야 할까?	270
82. 한정승인과 양도소득세	272
83. 종중, 종교단체 등 비영리단체와 양도소득세	274
84. 매매계약 해제와 양도소득세	277
85. 양도소득세와 감가상각비	281
86. 건물(임대부동산) 임대수익률 계산	284

PART 01

양도의 기본개념

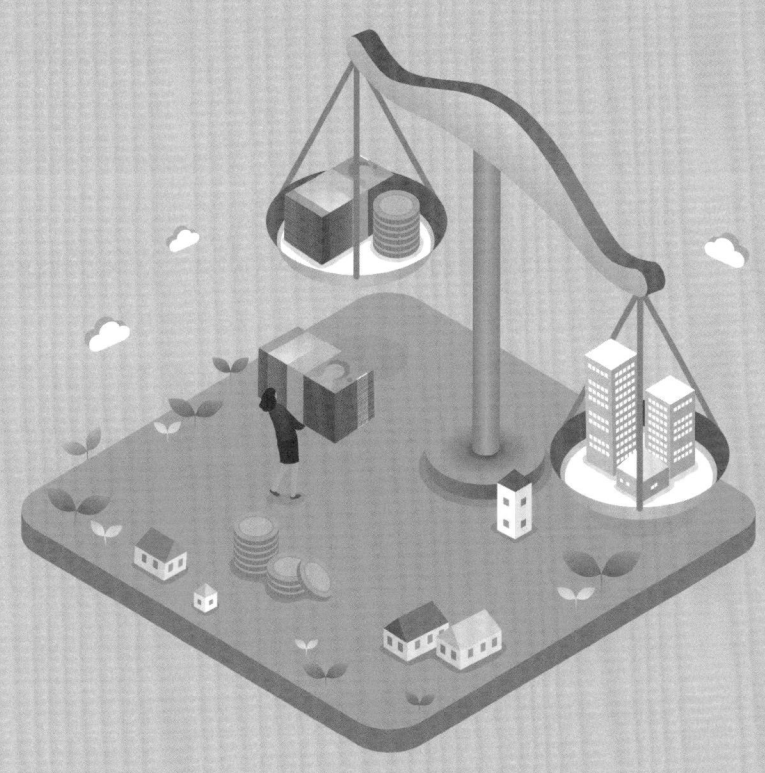

양도소득세를 이해하는 데 기본개념과 그 외 관련 내용을 담고 있습니다.
이 파트에서는 양도소득세를 이해하는 네 필요한 기본개념과 관린 내용을 담았습니다.

첫째, 모든 세금은 그 세금에서 사용하는 용어들이 있습니다. 양도소득세에서 사용하는 대표적인 용어로는 양도, 취득, 양도가액, 장기보유특별공제, 1세대, 기준시가 등을 들 수 있습니다.

둘째, 양도소득세는 개인이 특정 자산을 양도할 때 부과하는 세금입니다. 모든 종류의 자산을 양도하면 양도소득세를 부과하는 것이 아니라, 부동산 등 특정자산을 양도했을 때 양도소득세를 부과하는 세금입니다.

셋째, 양도소득세는 소득에 대한 세금으로, 개인이 양도차익을 얻을 때 납부할 세액이 있는 세금입니다.

넷째, 부동산 같은 자산은 한국에서 중요한 재산에 해당합니다. 개인 또는 가구 재산에서 부동산이 차지하는 비율은 절반이 넘습니다. 개인이 부동산을 취득할 때 자금출처 소명을 요청받을 수 있습니다.
정부가 주택시장 과열과 가격상승 등을 차단하기 위한 규제 중 하나로 주택을 취득할 때 자금출처를 소명하는 규정이 있습니다.

00.

양도소득세 관련 용어

모든 법률은 그 법률에서 사용하는 용어가 있습니다. 양도소득세도 세법에서 용어를 정의하고 있습니다. 법에서 사용하는 용어와 사회에서 사용하는 용어와는 다릅니다. 법에서 사용하는 용어는 낯설고 어려운 것이 사실입니다.

소득세법에서 규정하고 있는 양도소득세 용어는 다음과 같습니다.

① "양도"란 자산에 대한 등기 또는 등록과 관계없이 매도, 교환, 법인에 대한 현물출자 등을 통하여 그 자산을 유상(有償)으로 사실상 이전하는 것을 말한다. 이 경우 대통령령으로 정하는 부담부증여(負擔附贈與)의 채무액에 해당하는 부분은 양도로 보며, 다음 각 목의 어느 하나에 해당하는 경우에는 양도로 보지 아니합니다.
  가. 「도시개발법」이나 그 밖의 법률에 따른 환지처분으로 지목 또는 지번이 변경되거나 보류지(保留地)로 충당되는 경우

나. 토지의 경계를 변경하기 위하여 「공간정보의 구축 및 관리 등에 관한 법률」 제79조에 따른 토지의 분할 등 대통령령으로 정하는 방법과 절차로 하는 토지 교환의 경우

② "주식등"이란 주식 또는 출자지분을 말하며, 신주인수권과 대통령령으로 정하는 증권예탁증권을 포함한다.

③ "주권상장법인"이란 「자본시장과 금융투자업에 관한 법률」 제9조제15항제3호에 따른 주권상장법인을 말합니다.

④ "주권비상장법인"이란 제3호에 따른 주권상장법인이 아닌 법인을 말합니다.

⑤ "실지거래가액"이란 자산의 양도 또는 취득 당시에 양도자와 양수자가 실제로 거래한 가액으로서 해당 자산의 양도 또는 취득과 대가관계에 있는 금전과 그 밖의 재산가액을 말합니다.

⑥ "1세대"란 거주자 및 그 배우자가 그들과 같은 주소 또는 거소에서 생계를 같이 하는 자[거주자 및 그 배우자의 직계존비속(그 배우자를 포함) 및 형제자매를 말하며, 취학, 질병의 요양, 근무상 또는 사업상의 형편으로 본래의 주소 또는 거소에서 일시 퇴거한 사람을 포함한다]와 함께 구성하는 가족단위를 말한다. 다만, 대통령령으로 정하는 경우에는 배우자가 없어도 1세대로 봅니다.

⑦ "주택"이란 허가 여부나 공부(公簿)상의 용도구분에 관계없이 사실상 주거용으로 사용하는 건물을 말한다. 이 경우 그 용도가 분명하지 아니하면 공부상의 용도에 따릅니다.

⑧ "농지"란 논밭이나 과수원으로서 지적공부(地籍公簿)의 지목과 관계없이 실제로 경작에 사용되는 토지를 말한다. 이 경우 농지의 경

영에 직접 필요한 농막, 퇴비사, 양수장, 지소(池沼), 농도(農道) 및 수로(水路) 등에 사용되는 토지를 포함합니다.

⑨ 환지처분이란 「도시개발법」에 따른 도시개발사업, 「농어촌정비법」에 따른 농업생산기반 정비사업, 그 밖의 법률에 따라 사업시행자가 사업완료 후에 사업구역 내의 토지 소유자 또는 관계인에게 종전의 토지 또는 건축물 대신에 그 구역 내의 다른 토지 또는 사업시행자에게 처분할 권한이 있는 건축물의 일부와 그 건축물이 있는 토지의 공유지분으로 바꾸어 주는 것(사업시행에 따라 분할·합병 또는 교환하는 것을 포함)을 말합니다.

⑩ "보류지(保留地)"란 제1항에 따른 사업시행자가 해당 법률에 따라 일정한 토지를 환지로 정하지 아니하고 다음 각 목의 토지로 사용하기 위하여 보류한 토지를 말합니다.

가. 해당 법률에 따른 공공용지

나. 해당 법률에 따라 사업구역 내의 토지소유자 또는 관계인에게 그 구역 내의 토지로 사업비용을 부담하게 하는 경우의 해당 토지인 체비지

01.

양도란?

양도란 무엇일까요? 양도에 대한 기본개념을 설명하면 다음과 같습니다.

1) 양도란?

"양도"란 자산에 대한 등기 또는 등록과 관계없이 매도, 교환, 법인에 대한 현물출자 등으로 인하여 그 자산이 유상으로 사실상 이전되는 것을 말합니다.

매매계약에서 거래당사자인 매도인은 매수인에게 자산을 이전하면서 대가를 받는 계약을 합니다. 매도인은 매매계약에 따라 대가를 받을 권리와 자산을 이전할 의무가 동시에 발생합니다. 세법에서 매도인은 양도인에 해당합니다.

예를 들어 부동산매매계약에서 매도인은 매매대금을 지급 받을 권리와 해당 부동산을 이전할 의무가 있습니다. 매수인은 매매대금을 매도인에게 지급할 의무와 해당 부동산을 이전받을 권리가 있습니다. 이 매매 계약에서 매도인은 부동산을 양도하는 것입니다.

2) 양도소득의 구분

부동산을 이전했을 때 발생할 수 있는 세금은 크게 3가지입니다. 양도소득세, 증여세, 종합소득세입니다.

부동산 등을 이전하고 세금을 신고납부할 때 해당 자산양도가 양도소득세 과세대상인지, 증여세 과세대상인지, 종합소득(사업소득)세 과세대상인지 등을 먼저 구분해야 합니다. 그 소득 구분에 따라 세금 종류가 다르고, 적용되는 관련 규정도 때문입니다.

개인이 양도로 얻은 소득은 양도소득에 해당합니다. 만일 개인이 사업적으로 부동산을 매매하는 경우 해당 소득은 사업소득에 해당합니다.

3) 사업장 양도와는 구분

양도는 양도소득세뿐만 아니라 법인세나 소득세 및 부가가치세에서도 이 용어를 사용하고 있습니다. 대표적인 것이 사업장 양도입니다. 사업장 양도는 양도소득세와는 관련이 없지만, 부가가치세와 법인세(또는 소득세)와 관련이 있습니다.

4) 부담부증여

양도 중에 증여세와 관련된 양도가 있습니다. 부담부증여입니다. 부담부증여는 증여자의 채무를 수증자가 인수하는 조건으로 재산을 무상으로 이전하는 증여로, 양도와 증여가 결합 된 거래입니다. 증여가액 중 그 채무액에 상당하는 부분은 그 자산이 유상으로 사실상 이전되는 것으로 양도에 해당합니다.

02.

양도소득세란?

양도소득세는 개인이 양도소득세 과세대상 자산을 유상으로 이전하여 발생하는 양도소득에 대한 세금입니다. 먼저 양도소득이란 무엇일까요?

1) 양도소득이란?

양도소득은 단어 그대로 양도로 얻은 소득입니다. 이를 정의 하자면 "양도소득"이란 거주자 또는 비거주자가 양도소득세 과세대상 자산을 양도하여 얻는 소득으로 자본이득(capital gain)를 말합니다.

양도소득은 다년간에 걸쳐 형성된 미실현 보유이익이 양도 당시에 일시에 실현된 것이므로, 1년을 단위로 과세하는 종합소득과는 별도로 분류하여 과세합니다. 양도소득세 과세대상 자산 중에서 자본이득이 실현된 부분에 대해서만 양도소득세를 과세합니다.

예를 들어 아파트 1채를 보유하고 있는데 10년 전 3억 원에 취득하여 현재 거래되고 있는 가격이 8억 원입니다. 이 아파트를 지금 양도하면 5억 원의 시세 차익을 얻을 수 있습니다. 시세 차익 5억 원은 아직 실현된 것이 아니고, 양도했을 때 실현이 되어 실제 이익을 얻을 수 있습니다. 이때 이익이 자본이득이라 하며, 세법에서는 양도차익이라 합니다.

2) 양도소득세란?

양도소득세란 말 그대로 양도소득에 대한 세금입니다. 이를 자세히 설명하자면 거주자 또는 비거주자가 양도소득세 과세대상 자산을 양도하여 얻는 소득에 대해서 법에 규정된 각종 공제를 차감한 후 세율을 곱하여 산출된 세액에 법에 규정된 세액감면이나 세액가산을 하여 산출된 세액을 말합니다.

〈부동산 양도소득세 계산 흐름〉

	양도가액
(-)	취득가액
(-)	기타필요경비
	양도차익
(-)	장기보유특별공제
	양도소득금액
(-)	양도소득기본공제
	과세표준
(×)	기본세율(6%~42%)
	산출세액
(-)	세액감면·세액공제
	결정세액
(+)	가산세
	총결정세액
(-)	기납부세액
	차감납부세액

〈주식 양도소득세 계산 흐름〉

	양도가액
(-)	취득가액
(-)	기타필요경비
	양도차익
(-)	양도소득기본공제
	과세표준
(×)	기본세율(10%~30%)
	산출세액
(-)	세액감면·세액공제
	결정세액
(+)	가산세
	총결정세액
(-)	기납부세액
	차감납부세액

03.

어떤 자산을 팔 때 양도소득세가 있을까?

양도소득세는 양도로 얻은 차익에 대한 세금입니다. 어떤 자산을 양도하면 양도소득세가 있을까요?

세법은 양도소득세 과세대상이 되는 자산을 아래와 같이 6가지로 열거하고 있습니다.

① 부동산(무허가, 미등기 건물도 과세대상)
② 부동산에 관한 권리
③ 주식등
④ 기타자산
⑤ 파생상품
⑥ 신탁 수익권

1) 부동산

토지, 건물은 대표적인 양도소득세 과세대상입니다. 건물은 주거용 건물과 비주거용 건물로 구분할 수 있습니다. 주거용 건물이 주택입니다.

건물 중에 무허가 건물이나 미등기 건물은 등기부 등본이 없어서 양도소득세가 없다고 생각할 수 있는데 허가 여부, 미등기 여부와는 관계가 없습니다.

2) 부동산에 관한 권리

부동산에 관한 권리에 대표적인 것이 분양권과 입주권입니다. 분양권은 주택에 대한 분양권, 상가에 대한 분양권, 오피스텔 분양권 등이 있고, 입주권은 원조합원입주권과 승계조합원입주권이 있습니다.

부동산에 관한 권리에는 부동산을 취득할 수 있는 권리, 지상권, 전세권, 등기된 부동산임차권이 있으며, 양도소득세 과세대상입니다.

3) 주식등

주식은 양도소득세 과세대상 자산에 해당합니다. 주식은 상장 여부에 따라 상장주식과 비상장주식으로 구분할 수 있고, 지분보유 비율에 따라 대주주와 소액주주로 구분할 수 있습니다.

소액주주가 상장주식을 장내에 처분해서 얻는 차익은 비과세입니다. 그 외의 주식거래로 얻는 차익은 양도소득세 과세대상입니다.

대주주가 양도하거나 소액주주가 증권시장 밖에서 양도하는 상장주식 및 비상장주식을 양도하는 경우 양도소득세 과세대상입니다.

주식뿐만 아니라 출자지분, 신주인수권, 증권예탁증권도 양도소득세 과세대상에 해당합니다.

4) 기타자산

기타자산은 사업용 고정자산과 함께 양도하는 영업권, 특정시설물 이용권·회원권, 특정주식, 부동산과다보유법인 주식등, 부동산과 함께 양도하는 이축권을 말합니다.

기타자산 양도는 주변에서 볼 수 있는 경우가 흔치 않지만, 골프장 회원권 양도가 기타자산 양도에 해당합니다.

5) 파생상품

국내·외 주가지수를 기초자산으로 하는 파생상품을 양도하는 것은 양도소득세 과세대상에 해당합니다. 금융회사에서 원천징수하여 신고납부합니다.

① 차액결제거래 파생상품(CFD)
② 주식워런증권(ELW)
③ 국외 장내 파생상품
④ 경제적 실질이 주가지수를 기초자산으로 하는 장내파생상품과 동

일한 장외파생상품

6) 신탁 수익권

신탁의 이익을 받을 권리의 양도로 발생하는 소득은 양도소득세 과세대상에 해당합니다. 세법이 개정되면서 신탁 수익권에 대해서도 양도소득세 과세대상의 범위에 포함이 되었습니다.

04.

부동산을 사고 팔 때까지 부담하는 세금은?

양도소득세에서 대표적인 것은 부동산입니다. 부동산은 취득단계에서 양도단계까지 세금이 있습니다.

부동산을 취득하고 양도할 때까지 어떤 세금을 부담할까요? 이를 취득단계, 보유단계, 처분단계로 구분하면 다음과 같습니다.

1) 부동산을 취득할 때 부담하는 세금

부동산을 취득할 때 유상으로 취득하는 경우와 무상으로 취득하는 경우로 구분할 수 있습니다.

① 유상으로 취득하는 경우

유상으로 취득할 때는 지방세인 취득세, 지방교육세, 농어촌특별세를 부담합니다.

② 무상으로 취득하는 경우

부동산을 무상으로 취득하는 것은 상속이나 증여로 해당 부동산을 취득하는 것입니다. 취득자는 국세인 상속세나 증여세를 부담하고, 지방세인 취득세, 지방교육세, 농어촌특별세를 부담합니다.

2) 부동산을 보유 중일 때 부담하는 세금
　부동산을 보유할 때는 재산세와 종합부동산세를 부담합니다. 재산세는 부동산 종류와 상관없이 부과되는 세금이고, 종합부동산세는 토지나 주택을 보유할 때 부과되는 세금입니다.

　재산세가 부과될 때는 부가세로서 지방교육세와 지역자원시설세가 같이 부과됩니다. 종합부동산세 부과될 때 농어촌특별세도 부가세로서 같이 부과됩니다.

3) 부동산을 양도할 때 부담하는 세금
　보유하고 있던 부동산을 양도할 때 양도소득세를 부담합니다. 양도인은 양도소득세 외에 지방세인 지방소득세도 부담합니다.

〈부동산 취득·보유·처분단계별 세금〉

구분	국세	지방세
취득 시점	상속세 또는 증여세	취득세, 지방교육세, 농어촌특별세
보유 시점	종합부동산세, 농어촌특별세	재산세, 지방교육세, 지역자원시설세
양도 시점	양도소득세	지방소득세

05.

부동산을 살 때 자금출처 소명을 못 하면 증여세가 부과될 수 있다

양도소득세와 관련이 있는 세금으로는 취득세와 증여세를 들 수 있습니다. 개인이나 가구 재산에서 가장 큰 부분을 차지하는 것이 부동산 특히 주택입니다.

부동산과 관련된 세금은 양도소득세, 취득세, 증여세, 보유세입니다.

부동산을 취득해서 보유하다가 양도하면 양도소득세를 부과합니다. 시세 차익을 얻을 목적으로 부동산 등을 취득합니다. 양도소득세를 절세하려면 계획을 세워서 진행해야 합니다. 부동산을 취득해서 언제 처분할지 계획을 세워야 합니다.

부동산을 취득하는 경우 납세자가 자력으로 취득했는지 취득자금 조달에 대해 의심을 받을 수 있습니다.

1) 자산을 취득할 때 자금조달에 대해 소명받을 수 있다

부동산 등의 자산을 취득하는 경우 납세자가 자력으로 취득했는지 확인하기 위해 취득자금 조달에 대해 소명을 요청받을 수 있습니다.

만일 납세자가 소명을 하지 못하는 경우 해당 자산은 증여로 취득했다고 의제합니다. 그렇게 되면 관할 세무서는 납세자에게 증여세를 과세합니다.

2) 자산 취득가액에 따라 다르다

취득자금 조달에 대해 소명은 취득가액에 따라 다릅니다. 30세 이상인 납세자가 경우 부동산을 취득했는데, 취득가액이 1억 5천만 원 미만인 경우는 취득자금 조달에 대해 소명 의무가 없습니다.

다만, 이 경우에는 관할 세무서에게 입증책임이 있습니다. 납세자가 자력으로 부동산 등을 취득한 것이 아니라는 것을 입증해야 납세자에게 증여세를 과세할 수 있습니다.

〈증여추정 배제 기준금액〉

구분	취득재산		채무상환	총액한도
	주택	기타재산		
30세 미만인 자	5천만 원	5천만 원	5천만 원	1억 원
30세 이상 40세 미만인 자	1.5억 원	5천만 원	5천만 원	2억 원
40세 이상인 자	3억 원	1억 원	5천만 원	4억 원

06.

양도소득세 신고·납부기간

양도소득세는 신고납부세목에 해당합니다. 개인이 양도소득세 과세대상 자산을 양도하면 과세관청에 양도소득세를 신고해야 합니다.

양도소득세 신고는 예정신고와 확정신고가 있습니다. 설명을 하면 다음과 같습니다.

1) 토지 또는 건물, 부동산에 관한 권리, 기타자산, 신탁 수익권을 양도하면 양도소득세를 신고해야 한다

부동산 등을 양도한 경우 양도일이 속하는 달의 말일로부터 2개월 이내에 양도소득세를 신고납부해야 합니다. 이를 예정신고라고 합니다.

당해 과세연도에 2회 이상 양도한 경우 다음연도 5월에 확정신고를 해야 합니다. 마지막 양도 건에 대해 예정신고를 할 때 기신고 건을 포함하여 신고하는 경우 확정신고를 한 것으로 봅니다.

① 예정신고

양도일이 속하는 달의 말일부터 2개월

다만, 부담부증여 시 예정신고 기한은 증여일이 속하는 달의 말일부터 3개월

② 확정신고

양도일이 속하는 연도의 다음연도 5월 1일부터 5월 31일까지

2) 토지거래계약 허가구역 안에 있는 토지를 양도함에 있어서 토지거래계약 허가를 받기 전에 대금 청산을 한 경우

토지거래 허가구역에 소재하는 토지를 거래하기 위해서는 관할 지방자치단체장의 허가를 받아야 합니다. 매수인이 매매대금을 매도인에게 지급했어도 관할 지방자치단체장의 허가를 아직 받지 않은 경우 해당 매매계약은 유동적 무효의 상태에 있습니다.

① 예정신고

그 허가일이 속하는 달의 말일부터 2개월

다만, 부담부증여 시 예정신고 기한은 증여일이 속하는 달의 말일부터 3개월

② 확정신고

그 허가일이 속하는 연도의 다음연도 5월 1일부터 5월 31일까지

3) 주식 또는 출자지분(신주인수권 포함)

소액주주가 상장주식을 장내에서 양도하는 경우에는 비과세합니다.

그 외의 거래에는 양도소득세가 과세됩니다.

① 예정신고
양도일이 속하는 반기의 말일부터 2개월 (국외주식, 파생상품은 예정신고 면제)
다만, 부담부증여 시 예정신고 기한: 증여일이 속하는 달의 말일부터 3개월
② 확정신고
양도일이 속하는 연도의 다음연도 5월 1일부터 5월 31일까지(국외주식, 파생상품 포함)

07.

양도소득세 납세의무자

세금마다 납세의무자가 있습니다. 양도소득세의 납세의무자는 양도를 한 자로, 개인과 개인으로 보는 법인이 아닌 단체가 납세의무자입니다.

1) 개인

개인은 양도소득세의 납세의무자입니다. 개인은 거주자인 개인과 비거주자인 개인으로 구분할 수 있습니다.

"거주자"란 국내에 주소를 두거나 183일 이상의 거소를 둔 개인을 말합니다. "비거주자"란 거주자가 아닌 개인을 말합니다.

2) 개인으로 보는 법인이 아닌 단체

법인은 부동산 등을 양도하는 경우 양도소득세 대신 법인세를 부담합니다. 법인이 아닌 단체의 경우 개인으로 보아 세금을 부과합니다.

법인이 아닌 단체는 개인으로 보아 소득에 대해서는 종합소득세를 부과하고, 부동산 등을 양도하는 경우 양도소득세를 부과합니다. 대표적인 단체로는 종중·교회 등을 예로 들 수 있습니다. 교회 중에는 개인으로 보는 법인이 아닌 단체가 있고, 법인으로 보는 단체도 있습니다.

법인이 아닌 단체이지만 아래의 요건을 충족하는 경우 세무서장의 승인을 받아 법인으로 보는 비법인단체로 등록을 할 수 있습니다. 세무서에서 고유번호증을 발급받을 수 있고, 단체명의의 통장을 개설할 수 있습니다. 법인으로 보는 비법인단체로 부동산을 양도하는 경우 비영리법인으로 법인세를 부담합니다.

08.

양도소득세는 과세기간별로 과세한다

양도소득세는 양도소득에 대한 세금입니다. 세법은 양도소득세를 과세기간별로 과세합니다.

1) 양도소득세는 과세기간별로 과세

소득세법에서 과세기간은 1월 1일부터 12월 31일로 규정하고 있습니다. 즉 연도를 기준으로 과세합니다.

2) 사례

예를 들어 2025년 12월에 주택 A를 양도하고, 그 다음 달인 1월에 주택 B를 양도했습니다. 이 경우 2개월 동안 주택 2채를 양도한 것이지만, 양도소득세는 각 연도별로 계산합니다. 2025년에 주택 A를 양도했고, 다음 연도인 2026년에 주택 B를 양도한 것이기 때문입니다.

반대로 1월에 주택 A를 양도하고, 같은 해 12월에 주택 B를 양도한 경우 동일 연도에 주택 2채를 양도한 것입니다.

이 경우 다음 해 5월에 양도소득세 확정신고를 하거나 주택 B 양도 건을 양도소득세 신고할 때 주택 A 양도 건을 합산하여 양도소득세 확정신고를 해야 합니다.

3) 주의할 점

양도소득세는 과세기간별로 과세한다는 것을 악용하는 것을 주의해야 합니다. 부동산 2개 이상을 각각 양도하는 것과 토지 1필지를 분할하여 각각 양도하는 것은 다릅니다.

토지 1필지를 2개로 분할하여 한 필지는 12월에 양도하고, 다른 필지는 그다음 달에 양도하여 양도소득세를 절세하는 경우가 있습니다.

이렇게 양도하는 경우, 관할 세무서에서 실질과세 원칙에 따라 분할한 필지를 같이 양도한 것으로 양도소득세를 추징할 수 있습니다.

09.

양도소득세 과세대상 자산을 양도했는데, 양도로 보지 않는 경우들

양도소득세 과세대상 자산을 양도하는 경우 양도소득세 납세의무가 있는 것이 당연합니다.

그러나 세법에서 양도소득세 과세대상 자산을 양도해도, 양도로 보지 않는 경우를 열거하고 있는데, 그 중에 몇 가지를 소개하면 아래와 같이 규정하고 있습니다.

1) 명의신탁 해지 등

명의신탁 해지, 매매원인 무효로 자산이전, 본인 소유자산을 자기가 경락 등으로 재취득하는 경우, 재산분할청구권의 행사로 소유권이 이전되는 경우, 양도담보자산 등으로 소유권이전등기를 하는 경우에는 양도로 보지 않습니다.

2) 매매원인 무효 등

매매원인 무효의 소에 의하여 그 매매사실이 원인무효 판결로 확성이 되어 당초 매도인에게 환원이 된 경우. 매수인이 정해진 기한까지 잔금을 지급하지 않아 매매계약이 해제된 경우에는 양도로 보지 않습니다.

3) 소유권이전등기 후 합의해제로 환원한 경우

매수인이 잔금을 지급하지 않는 등의 불이행 상태에서 소유권이전등기절차만 경료된 상황으로, 거래 당사자가 합의로 계약해제를 하고 당초 매도인에 소유권이 환원된 경우에는 양도로 보지 않습니다.

4) 공유물분할

공유물분할은 양도로 보지 않습니다.

5) 1세대 1주택자의 재건축사업인 경우

1주택(종전 주택) 소유자가 도시정비법에 따른 재개발·재건축사업으로 종전 주택이 관리처분계획인가에 따라 입주권(1개 또는 2개)으로 전환되는 경우 양도로 보지 않습니다.

6) 토지거래허가를 받지 아니한 상태에서 매매대금 지급된 경우 과세여부

토지거래허가지역 내의 부동산을 매매하는 경우 관할관청의 허가를 받아야만 효력이 발생합니다. 토지거래허가를 받지 않은 경우 무효입니다. 매매계약을 체결하고 잔금까지 지급이 되었어도 관할관청으로부터 토지거래허가를 받지 못한 경우 무효이므로 양도에 해당되지 않습니다.

　다만, 해당 매매계약에 대해 관할관청으로부터 토지거래허가를 받지 못한 상태로 매도인이 매매대금을 계속 보유하고 있는 경우 관할 세무서에서 양도소득세를 과세할 수 있습니다.

10.

양도일과 취득일

자산을 양도하거나 취득하는 경우 양도일과 취득일이 중요합니다. 왜냐하면 1세대 1주택자 양도소득세 비과세 특례, 일시적 2주택자 양도소득세 특례, 사업용 토지의 기간계산, 양도소득세 세액감면, 장기보유특별공제, 기본세율 인정 여부 등에 영향을 미치기 때문입니다.

양도일과 취득일의 기준은 아래와 같습니다.

1) 대금청산일이 분명한 경우

원칙은 자산의 대금을 청산한 날입니다. 대금청산일은 원칙적으로 거래대금의 전부를 지급한 날을 의미하지만 그 전부를 이행하지 않았어도 사회통념상 거의 지급되었다고 볼만한 정도의 대금지급이 이행된 날을 포함합니다.

예외적으로 대금을 청산하기 전에 소유권이전등기를 한 경우에는 등기부·등록부 또는 명부 등에 기재된 등기·등록접수일 또는 명의개서일로 합니다.

2) 대금청산일이 불분명한 경우

대금청산일이 불분명한 경우에는 등기부·등록부 또는 명부 등에 기재된 등기접수일로 합니다.

3) 자기가 건설한 건축물

건축물을 신축한 경우 사용승인서(사용검사필증) 교부일입니다.

예외적으로 사용승인 전에 사실상 사용한 경우 사실상의 사용일, 임시사용을 승인받은 경우 임시사용승인일, 건축허가를 받지 아니하고 건축하는 건축물 경우에는 사실상의 사용일입니다.

4) 상속·증여로 취득

상속으로 자산을 취득한 경우 상속(유증 포함)이 개시된 날이고, 증여로 자산을 취득한 경우 증여를 받은 날입니다.

5) 점유 취득

민법에 따른 점유 취득한 경우 해당 부동산의 점유를 개시한 날입니다.

6) 공익사업에 수용되는 경우

공익사업에 수용되는 경우 대금을 청산한 날, 수용의 개시일 또는 소유권이전 등기접수일 중 빠른 날입니다.

 다만, 소유권에 관한 소송으로 보상금이 공탁된 경우에는 소유권 관련 소송판결 확정일입니다.

PART 02

양도를 하기 전에 고려해야 할 것들

양도소득세는 양도차익에 대한 세금입니다. 양도소득세 과세대상 자산을 취득하여 양도하기까지 보유기간 동안 발생한 양도차익을 양도 시 양도소득세를 한 번에 납부합니다.

예를 들어 부동산의 양도차익이 10억 원이고, 보유기간이 10년이면, 보유기간 동안 부동산의 가치가 상승했다 하락했다가 일정기간 변동이 없고 하면서 양도일까지 상승한 것입니다. 세법은 해당 양도자산의 양도차익은 연 평균 양도차익 1억 원을 얻은 것으로 봅니다.

부동산뿐만 아니라 양도소득세 과세대상 자산의 공통적인 절세 방법은 해당 자산을 취득하기 전에, 양도하기 전에 먼저 양도소득세에 대해 검토를 하는 것입니다. 어떤 자산을 취득하기로 계약을 한 다음에 세금 검토를 하였는데, 이 계약을 하는 것이 세금에 불리한 것을 알았습니다. 그러나 이미 계약을 체결했기 때문에 이 계약을 취소하려면 계약금을 포기해야 합니다. 양도하기로 매매계약을 한 다음 세금검토를 하는 경우에도 마찬가지입니다.

이 파트는 양도소득세 과세대상 자산을 취득하기 전과 양도하기 전에 어떤 점들을 고려해야 하는지에 대한 내용을 담고 있습니다.

11.

부동산을 여러 번 처분할 때
순서에 따라 절세가 가능하다

부동산을 2개 이상 소유하고 있는 경우 양도를 할 때 양도하는 순서에 따라 양도소득세가 달라질 수 있습니다.

양도소득세는 양도소득에 대한 세금입니다. 양도소득이 동일 연도에 2회 이상 있는 경우 합산을 하여 다음 연도에 확정신고를 해야 합니다.

납세자의 상황에 따라 다른데 대표적인 예를 들면 아래와 같습니다.

1) 양도를 할 때 연도를 달리해서 양도한다

상가 2개를 양도하려고 합니다. 상가 1개당 1억 원의 양도차익을 얻을 수가 있습니다. 같은 연도에 상가 2개를 양도하는 것과 올해 상가 1개를 양도하고 다음연도에 상가 1개를 양도하는 것은 양도소득세가 다릅니다.

설명을 쉽게 하기 위해 양도차익 1억 원이 곧 과세표준이라고 가정을 하면 상가 1개를 3월에 양도하는 경우 양도소득세는 1,956만 원입니다. 같은 연도에 다른 상가를 8월에 양도하면 상가 양도 2건을 합산합니다. 합산이 된 과세표준은 2억 원으로 양도소득세는 5,606만 원입니다.

만일 상가 1개를 올해 양도하고 다른 상가를 내년에 양도하면 양도소득세는 각각 1,956만 원입니다. 상가 2건에 대한 양도소득세는 총 3,912만 원입니다. 같은 연도에 상가 2건을 양도한 경우보다 양도소득세 1,694만 원이 작습니다.

2) 2주택자가 비과세를 받고 싶은 경우 양도차익이 작은 주택을 먼저 양도한다

1세대가 2주택을 보유하고 있는데 일시적 2주택 비과세 요건을 충족하는 경우 종전 주택을 양도하면 양도소득세 비과세 적용을 받을 수가 있습니다.

일시적 2주택자의 상황이 아닌 경우 먼저 양도하는 주택은 비과세를 받을 수가 없어 양도소득세를 부담해야 합니다. 이 경우 어떤 주택을 먼저 양도하든 양도소득세를 피할 수는 없습니다.

이러한 상황에서 양도차익이 작은 주택을 먼저 양도하여 양도소득세를 부담하고, 남은 주택을 1주택 비과세 요건을 충족시키는 것이 절세입니다.

3) 부동산 처분으로 손실을 볼 때 양도차익을 얻을 수 있는 부동산도 같은 연도에 처분하면 절세가 가능하다

양도소득세는 과세연도에 발생한 양도손익에 대해 과세하는 세금입니다. 부동산과 부동산에 관한 권리는 같은 그룹으로 같은 연도에 2건 이상 양도한 경우 양도손익을 합산하여 확정신고를 해야 합니다.

예를 들어 양도하려는 2개의 부동산이 있습니다. 한 부동산은 1억 원의 양도차익을 얻을 수 있고, 다른 부동산에서 1억 원의 양도차손을 얻게 됩니다. 이 경우 같은 연도에 양도하면 두 부동산의 양도손익이 합산이 되어 양도차익은 '0'으로 양도소득세는 없습니다.

12.

상속받은 부동산을 6개월 이내에 팔면 양도소득세가 없다

피상속인이 사망을 하면 상속이 개시됩니다. 피상속인의 모든 재산과 부채를 상속인들이 공동으로 상속합니다.

피상속인의 재산 중 금융재산은 그 재산 자체가 시가로 평가에 문제가 없지만, 부동산은 시가가 얼마인지 알 수가 없습니다. 상속개시일 기준으로 부동산의 시가를 알기 위해 감정평가를 해야 합니다.

1) 상속받은 부동산의 공동명의 등기

상속인이 부동산을 상속으로 받는 경우 공동명의로 등기를 합니다. 유증이나 상속재산 협의분할로 상속인 중 1명이 단독으로 부동산을 상속받는 경우가 있지만, 일반적으로 상속인 간 공동으로 상속을 합니다.

2) 상속받은 부동산을 바로 처분하는 경우

부동산을 상속받자마자 바로 처분을 하는 경우가 있습니다. 상속인 간의 상속재산 분쟁으로 협의 분할 대신 법정상속 지분으로 상속재산을 분배하는 경우입니다.

예금 같은 금전재산은 나눠가질 수 있으나, 부동산은 공동상속인으로 등기를 한 후에 처분해야 합니다.

3) 상속개시일로부터 6개월 이내에 양도하는 경우

상속개시일로부터 6개월 이내에 상속받은 부동산을 양도하는 경우 그 양도가액이 해당 부동산의 시가가 됩니다. 즉 매매가액이 상속받은 부동산의 시가이자 취득가액이 됩니다. 양도가액이 곧 취득가액으로 양도차익이 '0'이 되어 양도소득세는 없습니다.

다만, 매매가액이 해당 부동산의 시가로 상속재산가액이 됩니다.

13.

증여받은 부동산을 3개월 이내 팔면 증여세 폭탄을 맞을 수 있다

자녀가 부모로부터 부동산을 증여받는 경우 증여받은 부동산은 자녀의 소유가 됩니다. 부모가 효도 조건으로 증여를 했어도 소유권이 자녀로 이전이 되면 자녀 소유입니다.

가족에게 부동산을 증여하고 수증자가 증여받은 부동산을 양도하면 양도소득세 이월과세 규정이 적용됩니다. 증여자가 해당 부동산을 직접 증여한 것으로 양도소득세를 계산합니다. 2022년까지는 5년 이내, 2023년부터는 10년 이내로 적용합니다. 이 규정은 많이들 알고 있습니다.

급전이 필요하거나 어떤 사정으로 수증자가 증여받은 지 3개월 이내에 해당 부동산을 양도하면 어떻게 될까요?

당연히 양도소득세 이월과세 규정이 적용됩니다. 그리고 증여세에도 영향이 있습니다.

1) 증여재산의 시가평가

증여받은 재산의 평가는 시가로 평가하는 것이 원칙입니다. 아파트를 예로 들면 다른 주택과 달리 유사매매사례가액이 존재할 가능성이 있습니다. 보통 아파트는 감정평가를 받아 증여를 하거나 유사매매사례가액을 조회해서 증여를 합니다.

다세대주택이나 단독주택의 경우 유사매매사례가액 존재가 드물어서 기준시가로 증여하는 경우가 많습니다.

수증자가 증여받은 부동산을 3개월 이내에 양도하면 증여세와 양도소득세 두 가지를 검토해야 합니다.

2) 양도소득세 이월과세 규정

증여받은 부동산을 3개월 이내에 양도하면 양도소득세 이월과세 규정이 적용됩니다.

당초 증여받은 재산인 주택이 1세대 1주택 비과세 요건을 충족하는 경우 양도소득세가 비과세 적용을 받을 수 있습니다.

3) 증여재산의 시가평가(증여세 신고를 기준시가로 한 경우)

증여세 신고 시 증여재산은 시가로 평가하는 원칙입니다. 주택 중의 아파트를 제외한 다세대주택, 연립주택 및 지방의 주택을 증여받은 경우 증여재산가액을 기준시가로 하여 증여세 신고를 하는 경우가 많습니다.

예를 들어 지방의 다세대주택을 증여세 신고 시 기준시가 1억 원을 증여재산가액으로 신고를 했습니다. 수증자는 증여받은 지 3개월 이내 해당 주택을 2억 원에 양도했습니다.

이 경우 양도가액이 해당 부동산의 시가가 됩니다. 증여일에는 시가가 없었지만, 해당 부동산의 양도로 매매가액이 존재하게 되고 이 매매가액이 증여재산의 시가가 되는 것입니다.

수증자는 증여세를 시가 2억 원으로 재계산하여 기신고한 증여세의 차액을 추가납부 해야 합니다.

14.

가족에게 증여받은 부동산을 10년 이내에 팔면 양도소득세 폭탄을 맞을 수 있다

부동산을 취득하여 보유하다가 시세 차익을 얻기 위해 해당 부동산을 양도하면 양도소득세를 납부해야 합니다.

양도차익을 없으면 양도소득세로 납부할 금액이 없고, 양도차익이 작을수록 납부할 양도소득세도 작아집니다. 가족에게 증여하는 것을 이용하면 양도소득세를 절세할 수 있지 않을까 생각할 수 있습니다.

부동산을 배우자에게 증여하면 10년 이내에 증여재산공제 6억 원을 적용받을 수 있습니다. 시세 차익이 많은 부동산을 배우자에게 증여하고, 시간이 지나 이 부동산을 양도하면 양도소득세를 줄일 수 있습니다.

양도소득세에는 이월과세 규정이 있습니다. 많이들 들어 잘 알고 있는 규정입니다. 이월과세 규정은 개정이 되면서 기간이 5년에서 10년으로 늘어났고, 증여받은 주식을 1년 이내 처분하는 경우도 이월과세 대상에 추가했습니다.

1) 배우자(가족)에게 증여 후 양도로 절세

혼인관계인 배우자에게 10년 이내 증여를 하면 증여재산공제 6억 원을 적용받을 수 있습니다. 이를 양도소득세 절세에 활용할 수 있습니다.

예를 들어 2억 원에 취득했던 부동산의 현재 시세가 6억 원입니다. 해당 부동산을 배우자에게 증여하면 증여재산공제 6억 원까지 적용이 가능해서 증여세가 없습니다. 그리고 증여재산가액 6억 원이 곧 부동산의 취득가액이 됩니다. 수증자인 배우자가 이 부동산을 6억 원에 양도하면 취득가액 6억 원이고 양도가액이 6억 원으로 양도차익 없어 양도소득세가 없습니다. 이렇게 하면 양도소득세 절세가 가능합니다.

세법은 이와 같은 증여재산공제를 이용하여 양도소득세를 회피하는 것을 방지하기 위해 이월과세 규정을 두고 있습니다.

2) 양도소득세 이월과세 규정

10년 이내에 가족으로부터 증여받은 부동산을 양도하는 경우 증여자가 직접 양도한 것으로 양도소득세를 재계산하여 추징을 합니다.

2억 원에 취득했던 시세 6억 원의 부동산을 배우자에게 증여하고, 이를 6억 원에 양도했습니다. 이 경우 당초 증여자가 취득가액 2억 원의 부동산을 6억 원에 양도한 것으로 양도차익 4억 원에 상당하는 양도소득세를 재계산합니다.

3) 1세대 1주택자가 양도소득세 이월과세 적용을 받는 경우

1세대 1주택 비과세 요건을 충족하는 주택을 증여하고, 수증자가 해당 주택을 양도한 경우 양도소득세는 어떻게 될까요?

양도소득세 이월과세가 적용되는 경우 당초 증여자가 해당 주택을 양도한 것으로 양도소득세를 계산합니다. 즉 당초 증여자 기준으로 1세대 1주택 비과세 요건을 충족하는 경우 양도소득세 비과세를 적용받을 수 있습니다.

주택을 양도를 하고 가족에게 매매대금을 증여하는 것과 주택을 가족에게 증여하고 수증자가 주택을 양도하는 것과 어느 것이 세금을 줄일 수 있는지 비교해 볼 필요가 있습니다.

15.

배우자에게 주식을 증여하고 1년 이내 처분하면 양도소득세 폭탄을 맞을 수 있다

많은 분들이 양도소득세 이월과세 규정을 잘 알고 있습니다. 배우자(또는 자녀나 부모)에게 부동산을 증여하고, 수증자가 10년 이내에 해당 부동산을 양도하면 양도소득세 폭탄을 맞을 수 있다는 것을 잘 알고 있습니다.

부동산 대신 다른 자산을 증여하고 수증자가 증여받은 재산을 양도하면 양도소득세가 없을 것이라 생각할 수 있습니다. 대표적인 자산이 주식입니다.

배우자에게 주식을 증여하고 그 배우자가 증여받은 주식을 처분하면 양도소득세가 없다고 생각합니다. 이는 작년까지는 맞고 올해부터는 틀린 생각합니다.

작년까지 주식과 관련해서 활용했던 방법이 크게 두 가지입니다.

1) 해외주식을 배우자에게 증여 후 처분

최근 몇 년 사이 해외 주식에 대한 관심이 많아지고 개인투자자도 많이 증가했습니다. 해외 주식은 국내 상장주식에 소액주주로 투자한 것과 달리 비과세가 없습니다.

해외 주식 중 평가차익이 얻고 있는 종목을 양도하면 양도소득세 부담이 많으니, 이 종목을 배우자에게 증여합니다. 배우자가 이 종목을 바로 양도하면 취득가액과 양도가액이 비슷해져서 양도소득세를 절세할 수 있습니다.

2) 배우자에게 주식 증여 후 소각(또는 자기주식 양도)

꾸준하게 이익을 내는 회사를 운영하고 있는 대표이사는 회사의 이익잉여금을 인출하고 싶은 욕심이 있습니다.

회사의 자금을 사적으로 인출하면 횡령이 해당할 수 있고, 금전소비대차계약서를 작성하고 인출하면 회사와 채권채무관계가 형성이 됩니다.

꼼수를 부린 것이 배우자에게 회사 지분을 증여하고, 배우자가 회사에 증여받은 주식을 처분하는 것입니다. 회사에 자기주식을 처분하면서 매매대금을 받는 형식으로 하다가, 몇 년 전부터 회사의 이익잉여금으로 주주의 지분을 이익소각하는 형식으로 진행했습니다. 차이점은 전자는 양도이고, 후자는 배당입니다.

3) 주식에 대해 양도소득세 이월과세 규정을 적용받지 않으려면?

위의 1)과 2)는 세법 개정으로 올해부터 양도소득세 이월과세 적용대상에 해당합니다.

배우자를 포함한 가족에게 주식을 증여하고 수증자가 증여받은 주식을 1년 이내에 처분하면 양도소득세 이월과세 규정이 적용됩니다. 이월과세 규정이 적용되면 당초 증여자가 해당 주식을 직접 처분한 것으로 양도소득세를 재계산합니다.

주식에 대해 양도소득세 이월과세 규정을 적용받지 않으려면 해당 주식을 1년이 지난 이후에 처분해야 합니다.

16.

아래층은 상가이고 위층은 주택인 건물을 양도하면 양도소득세는?

길거리에 보면 1·2층은 상가이고 그 위의 층은 주택으로 구성된 건물을 볼 수 있습니다. 이러한 건물을 복합건물(또는 상가주택 건물이나 겸용주택)이라고 있습니다.

복합건물은 건물주가 상가와 주택을 임대할 목적으로 신축합니다. 일부 복합건물 중에 1·2층 상가를 주택으로 임대하고 있는 경우가 있습니다. 신축할 때는 주차면적 규제를 피하기 위해 1·2층을 상가로 허가를 받고, 준공이 되면 1·2층을 주택으로 임대하는 것인데, 이는 불법입니다.

이 복합건물을 임대하고 있다가 양도하는 경우 양도소득세는 어떻게 될까요? 비과세를 받을 수 있을까요?

1) 복합주택의 양도소득세 절세(개정 전)

복합주택의 양도소득세는 세법이 개정되면서 실지거래금액이 12억 원인 경우와 12억 원 초과하는 경우를 구분하는 것으로 개정되었습니다.

세법 개정 전에는 주택 연면적이 상가 연면적보다 큰 경우 복합건물 전체를 실지거래금액에 상관없이 주택을 양도하는 것으로 보았습니다. 그래서 양도를 하기 전에 상가를 주택으로 변경하여 전체 연면적에서 주택 연면적 비율이 50% 초과하도록 조정하는 것이 중요했습니다.

2) 세법 개정 전후 내용 비교

세법 개정으로 2022년 양도분부터 실지거래가액이 12억 원 이하이고, 주택 연면적이 주택외 연면적보다 큰 경우 외에는 복합건물에서 주택 부분만 주택으로 봅니다.

복합건물 개정 전후를 비교하면 아래와 같습니다.

구분 (실지거래가액)	종전 규정	개정 규정
12억 원 이하	① 주택 연면적 ≤ 주택외 부분 연면적: 주택 부분만 주택으로 봄 ② 주택 연면적 > 주택외 부분 연면적: 전부를 주택으로 봄	①, ② 좌동
12억 원 초과	① 주택 연면적 ≤ 주택외 부분 연면적: 주택 부분만 주택으로 봄 ② 주택 연면적 > 주택외 부분 연면적: 전부를 주택으로 봄	①, ② 주택 부분만 주택으로 봄

3) 복합주택(또는 상가주택 건물이나 겸용주택)의 양도소득세 계산 사례

사례로 복합건물은 1층이 상가이고 2층과 3층이 다가구주택입니다. 양도가액이 15억 원, 취득가액이 10억 원, 필요경비 5천만 원, 보유기간 10년, 주택은 1세대 1주택 비과세 요건을 충족합니다. 상가와 주택의 기준시가 비율은 4:6입니다.

구분	계	상가	주택
양도가액	1,500,000,000	600,000,000	900,000,000
취득가액	1,000,000,000	400,000,000	600,000,000
필요경비	50,000,000	20,000,000	30,000,000
양도차익	450,000,000	180,000,000	270,000,000
비과세 양도차익	270,000,000	-	270,000,000
과세 양도차익	180,000,000	180,000,000	-
장기보유특별공제	36,000,000	36,000,000	-
양도소득금액	144,000,000	144,000,000	-
기본공제	2,500,000	2,500,000	-
과세표준	141,500,000	141,500,000	-
세율	35%	35%	-
산출세액	34,085,000	34,085,000	-

17.

부모 자녀 간에 부동산을 매매할 때 주의점은?

부모 자녀 간에 부동산을 특히 주택을 거래하는 경우가 많아지고 있습니다. 가족 간에 부동산 거래는 매도인과 매수인 간에 자유이지만, 주의할 점이 있습니다.

세법은 가족 간에 부동산 거래에는 실제 거래를 했는지를 예의 주시 합니다. 매매계약서를 작성하지만 실제 매매대금을 지급하지 않는 경우, 해당 부동산의 시가에 비해 저가나 고가로 거래하는 경우 등. 해당 거래가 적정한지를 검토합니다.

가족 간에 부동산을 매매거래 한다면 시가대로 거래하기보다 저가나 고가로 거래하고 싶은 경우가 대부분일 것입니다.

1) 고저가 거래에 따른 부당행위계산 부인 규정과 이익의 증여 규정

세법은 특수관계인 간의 거래에서 자산을 시가보다 저가 양수 또는 고가 양도로 하는 경우 법인세와 사업소득세 및 양도소득세에 부당행위계산 부인 규정과 증여세에 증여이익 규정을 두고 있습니다.

자산을 고저가로 거래를 하면 한 쪽은 손해를 보고 다른 쪽은 이익을 봅니다. 손해를 본 쪽은 세금을 낮게 내고 다른 쪽은 경제적 이익을 보게 되어 세법에 이와 관련한 규정을 두어 규제를 하고 있습니다.

가족 간의 부동산을 고·저가로 거래한다면 양도소득세와 증여세에 문제가 있습니다.

2) 부동산을 낮은 가격으로 양도하면?

부모가 부동산을 자녀에게 시가보다 낮은 금액으로 양도하면 어떻게 될까요?

(1) 부모

부동산 매도자인 부모는 양도소득세를 부담해야 하는데, 시가 낮은 가격으로 양도하면 양도소득세 부담이 낮아집니다. 매도자인 부모에게 양도소득세 부당행위계산 부인 규정이 적용됩니다.

요건: (시가 - 양도가액) ≥ min[시가의 5%, 3억 원]

부모는 부동산을 시가에 양도한 것으로 양도소득세를 계산합니다.

(2) 자녀

반대로 시가보다 낮은 가격으로 부동산을 매수한 자녀는 차액만큼 경제적 이익을 얻게 됩니다. 자녀에게 증여세 규정이 적용됩니다.

요건: (시가와 대가의 차이) ≥ min[시가의 30%, 3억 원]

증여재산가액: (시가와 대가의 차이) - min[시가의 30%, 3억 원]

3) 부동산을 높은 가격으로 양도하면?

부모가 자녀에게 부동산을 고가로 양도하면 어떻게 될까요?

(1) 부모

부모가 부동산을 자녀에게 시가보다 높은 금액으로 양도하는 것은 자녀가 부모에게 경제적 이득을 제공하는 것입니다. 즉 증여를 하는 것입니다. 부모는 양도소득세와 증여세를 부담해야 합니다.

증여재산가액: (대가와 시가의 차이) - min[시가의 30%, 3억 원]

양도가액: 매매가액 - 증여재산가액

(2) 자녀

자녀는 부모로부터 부동산을 고가로 양수한 것에 대해 추가적인 세금 부담은 없습니다.

다만 부동산의 취득가액은 매매가액이 아니라 시가입니다. 예를 들어 시가 5억 원의 부동산을 10억 원 취득한 경우 시가 5억 원이 취득가액이고, 해당 부동산을 10억 원에 양도할 때 양도가액 10억 원에서 취득당시의 시가 5억 원을 취득가액으로 차감하여 양도차익은 5억 원입니다.

18.

이혼할 때도 양도소득세를 낼 수 있다

남녀가 결혼하여 살다가 어떤 이유 때문에 결국 헤어지는 경우가 있습니다. 이혼을 하게 되면 위자료를 지급해야 하고, 부부가 모아 온 재산을 나눠야 합니다.

위자료와 재산분할도 양도소득세와 관련이 있을 수 있습니다. 위자료 지급대상과 재산분할 대상이 양도소득세 과세대상인 경우입니다.

1) 위자료를 금전 대신 부동산으로 받으면 어떻게 될까?

일반적으로 위자료는 금전으로 지급합니다. 위자료를 금전 대신 부동산으로 지급하면 양도소득세가 있습니다.

예를 들어 남편이 위자료를 금전 대신 부동산으로 지급하는 경우에는 남편에게 양도소득세를 부과합니다. 양도소득세를 부과하는 이유는 위자료를 금전으로 지급하는 대신 부동산으로 지급하는 것은 대물변제에 해당하기 때문입니다.

지급하기로 한 위자료 금액이 1억 원이고, 5천만 원에 취득한 부동산이 시세 1억 원으로, 해당 부동산으로 위자료를 대신하기로 합의하여 변제를 하면 남편은 5천만 원의 양도차익을 얻게 됩니다. 양도차익을 얻기 때문에 양도소득세를 부과하는 것입니다. 이를 표로 정리하면 다음과 같습니다.

구 분	지급자에 대한 과세	지급받는 자에 대한 과세
재산분할	양도소득세×	증여세×
위자료	양도소득세○ (1세대1주택: 비과세)	증여세×

아내가 해당 부동산을 양도를 하여 양도소득세를 계산할 때 위료로 부동산을 받은 것과 재산분할로 부동산을 받은 것에 취득가액과 취득시기의 차이가 있습니다.

구 분	취득가액	취득시기
재산분할	당초 배우자의 취득가액	당초 배우자의 취득일
위자료	위자료 금액	이혼에 따른 소유권이전등기접수일

또한 아내에게는 위자료로 취득한 부동산에는 유상승계에 따른 취득세가 부과됩니다. 재산분할로 취득한 부동산에는 종전 취득세가 부과됩니다.

4) 위자료와 재산분할을 어떤 재산으로 받는 것이 세금에서 유리할까요?

위자료와 재산분할로 금전을 받는 것과 부동산으로 받는 것을 비교하면 나중에 부동산을 양도할 때 양도소득세에서 차이가 있습니다.

위자료는 손해배상 성격으로 받는 것이고, 재산분할은 본래 자기 몫의 재산을 찾아오는 것입니다.

나중에 해당 부동산을 양도하게 될 경우 양도소득세를 고려하면, 위자료로 금전 대신 부동산을 받는 것이 유리합니다. 재산분할로는 부동산 대신 금전을 받는 것이 유리합니다.

19.

이중계약서(다운계약서)로 양도소득세를 신고하면 불이익을 받을 수 있다

주택을 매매할 때 이중계약서(다운계약서)를 작성하는 경우가 있습니다. 실제 매매가액과 매매계약서의 매매가액을 다르게 작성하는 것입니다.

서울 아파트 거래에서 투기 붐이 심할 때 이중계약서를 작성하는 경우가 있는데, 양도자 측이 양도소득세 부담을 낮추기 위해 이중계약서를 요구하기도 합니다.

주택매매에서 이중계약서를 작성해도 문제가 없을까요?

1) 이중계약서가 세금에 미치는 영향
① 매도자는 양도가액이 낮아져 양도소득세가 감소됩니다.
② 매수자는 취득가액이 낮아져서 취득세가 감소됩니다. 취득가액이 낮아져서 나중에 양도할 때 양도소득세 부담이 증가됩니다.

2) 이중계약서가 적발된 경우 양도소득세 불이익

이중계약서를 작성한 것이 적발되면 양도소득세에서 아래의 불이익이 있습니다.

① 1세대 1주택자 요건을 충족해도 양도소득세 비과세 적용을 받을 수가 없습니다.
② 양도소득세 감면 요건을 충족해도 감면 적용을 받을 수가 없습니다.

3) 이중계약서가 적발된 경우 가산세 불이익

이중계약서를 작성한 것이 적발되면 가산세 불이익이 있습니다. 가산세는 양도소득세에 40%입니다. 이중계약서를 작성하여 양도소득세를 신고한 것은 부정한 행위로 보기 때문입니다.

4) 이중계약서는 제척기간이 10년이다

세금에는 제척기간이 있는데, 양도소득세를 기한 내에 신고하면 5년의 제척기간을 적용합니다. 사기 기타 부정한 행위에 해당하는 경우 10년의 제척기간을 적용합니다.

이중계약서를 작성하여 양도소득세를 신고한 것은 사기 기타 부정한 행위로 보아 제척기간 10년을 적용합니다. 즉 이중계약서를 작성하여 양도소득세를 신고한 경우 관할 세무서는 10년 이내에 양도소득세를 추징할 수 있습니다.

20.

오피스텔은 주택 수에 포함될까?

오피스텔은 주택 양도소득세에서 늘 납세자를 괴롭히는 부동산입니다. 오피스텔은 주거용과 비주거용의 양쪽 기능을 갖고 있기 때문입니다.

오피스텔이란 오피스와 호텔을 합친 형태의 건축물입니다. 사무실에서 업무를 하며 주거도 가능한 건축물입니다. 건축법상 사무시설인 동시에 주택법상 준주택에 해당하는 특징이 있습니다.

1) 오피스텔은 태생이 사무시설이다

오피스텔은 사무시설과 주거시설을 모두 갖추고 있지만, 기본적으로 사무시설에 해당합니다. 오피스텔을 분양받을 때 취득세는 비주거용 건물 취득에 해당하는 취득세를 부담합니다.

2) 주택으로 사용하면 양도소득세에서 주택 수에 포함한다

오피스텔이 건축법상 사무시설이어도 주택으로 사용하면 주택에 해당이 되고, 주택 수에 포함이 됩니다.

사무용으로 임대를 하려는데 임대가 안 돼서 주택으로 임대를 하는 경우 주택 수에 포함이 되는 것을 주의해야 합니다.

3) 오피스텔을 사무용으로 임대할 때 임대차계약서에 특약으로 명시하자

오피스텔을 사무용으로 임대할 때 임대차계약서에 특약을 명시할 필요가 있습니다. 임차인이 해당 오피스텔을 주거용으로 사용하는 것을 금지한다는 것과 전입신고를 금지한다는 것을 특약으로 임대차계약서에 명시하는 것이 매우 중요합니다.

임대인은 임차인에게 사무용으로 오피스텔을 임대했는데, 임차인이 임대인의 동의 없이 해당 오피스텔을 주거용으로 사용하거나 전입신고를 하는 경우가 있습니다. 이 경우 오피스텔은 주택으로 사용하는 것이 되어 임대인이 주택을 양도할 때 불이익을 볼 수 있습니다. 왜냐하면 세법은 형식과 실질이 다르면 실질에 따라 세법을 적용할 수 있기 때문입니다.

예를 들어 임대인이 1주택과 사무용 오피스텔이 있습니다. 해당 오피스텔을 사무용으로 임대를 했습니다. 임대인은 거주하고 주택 외에 다른 주택이 없습니다. 주택을 양도하면서 1주택 비과세로 양도소득세 신고를 했습니다. 그러나 임차인 사무용 오피스텔을 무단으로 전입신고를 하고 주거용으로 사용하고 있는 것이 관할 세무서에 파악이 되어 1주택 비과세 신고를 부인하고 양도소득세를 추징했습니다. 실제 이런 일이 발생하면 임대인은 무척 억울할 것입니다.

그래서 오피스텔을 사무용으로 임대차계약을 할 때 전입신고 및 주거용 사용을 금지한다는 것을 임대차계약서에 특약으로 명시하여 사전 방지를 하는 것이 중요합니다.

21.

부동산 수선유지비와 양도소득세 필요경비

양도소득세 절세에서 비과세와 감면 외에 중요한 것이 필요경비로 인정받는 것입니다.

필요경비는 취득 당시 매매가액에 자본적지출과 기타필요경비를 합산한 것입니다. 취득 당시 매매가액(또는 상속이나 증여재산가액)에 자본적지출을 합산한 것이 취득가액입니다. 필요경비는 취득가액과 기타필요경비를 합산한 금액으로 구분할 수 있습니다.

1) 자본적 지출과 수익적 지출
① 자본적 지출이란 자산의 내용연수를 연장시키거나 당해 자산의 가치를 현실적으로 증가시키기 위하여 지출한 수선비 등을 말합니다.
② 수익적 지출이란 정상적인 수선 또는 경미한 개량으로 자산의 가치를 상승시키기보다는 본래의 기능을 유지하기 위한 비용을 말합니다.

자본적 지출은 필요경비로 인정이 되고, 수익적 지출은 필요경비로 인정되지 않습니다.

2) 자본적 지출과 수익적 지출 비교

양도소득세에서 자본적 지출과 수익적 지출을 비교하면 아래와 같습니다.

구분	자본적 지출	수익적 지출
필요경비 해당 여부	○	×
사례	아파트 발코니 샷시비 홈오토 설치비 건물의 난방시설 공사비 방 확장 등의 개량공사비 보일러 교체비용 자본적 지출에 해당하는 인테리어 비용 등	벽지·장판· 교체비용 씽크대 주방기구 교체비 외벽등 도색비용 보일러 수리비용 옥상 방수공사비 하수도관 교체비 오수정화조설비 타일 및 변기공사비 파손된 유리창 또는 기와 교체비

3) 필요경비 인정 여부

집을 전면적으로 수리하거나 리모델링 공사를 하는 경우. 난방시스템을 전체적으로 교체하거나 수선하는 경우는 자본적 지출에 해당합니다.

보일러를 교체하는 것은 자본적 지출이지만, 보일러를 수리하는 것은 수익적 지출에 해당합니다. 이 경우는 비슷해 보이기 때문에 구분하는 것이 쉽지 않습니다.

4) 지출내역은 증빙을 갖추어야 한다

자본적 지출에 해당하는 것은 증빙을 갖추어야 합니다. 세금계산서(주민등록번호 발급)나 현금영수증(소득공제)을 수취해야 합니다.

만일 공사업자가 증빙을 발급하지 않는 경우 거래명세표와 이체내역을 구비해야 합니다.

22.

세대와 주택 수

　주택에 대한 양도소득세는 세대를 기준으로 주택 수를 계산합니다. 세대 구성원이 각각 주택을 소유하고 있는 경우 주택 수에 모두 포함해야 합니다.

1) 세대원 중에 주택을 지분으로 보유해도 주택 수에 포함한다
　주택을 단독으로 취득하거나 공동으로 취득합니다. 단독으로 취득하는 것은 취득자 본인의 개인 소유가 되는 것이고, 공동으로 취득하는 것은 공동으로 소유하는 것입니다.

　자녀가 친구들과 함께 오피스텔이나 원룸 등을 같이 취득하는 경우가 있습니다. 공동소유를 하는 것인데, 이를 공동투자로 이해하고 주택을 지분으로 취득했다고 생각을 못 할 수가 있습니다.

　나중에 부모가 주택을 양도하면서 1주택자 요건을 충족했으니 당연히 양도소득세 비과세를 받을 것이라고 생각하여 양도소득세를 비과세로 신고했습니다. 이후 자녀의 주택 지분으로 양도소득세 비과세를 부인당하고 추징되는 경우가 있으니 주의해야 합니다.

2) 세대원이 같이 살아도 생계를 달리하면 세대를 분리할 수 있다

부모는 자녀가 성인이 되기까지 양육을 합니다. 성인이 돼서도 경제력이 부족해서 부모와 같이 사는 경우가 많습니다. 서울은 주택 가격이 높아 부모와 동거를 많이 하고 있는 상황입니다.

자녀가 취업 등을 해서 경제력이 있는 경우 비록 부모와 한 집에 살고 있지만, 생계를 부모와 따로 하는 경우가 있습니다. 결혼한 자녀 부부가 부모와 같이 사는 경우 생계를 달리하는 경우가 많습니다.

이 경우 부모와 자녀는 각각 별도 세대로 봅니다. 다만, 같은 집에서 살고 있지만 생계를 달리하고 있다는 입증을 해야 합니다.

23.

양도일과 재산세 · 종합부동산세와의 관계

지방세인 재산세는 토지, 건물, 주택 등을 소유하고 있는 자에게 매년 부과하는 세금입니다.

국세인 종합부동산세는 토지와 주택을 소유하고 있는 자에게 매년 부과하는 세금입니다.

두 세금은 과세기준일을 기준으로 매년 부과하는 세금이라는 공통점이 있습니다. 과세기준일을 기준으로 과세대상 자산을 소유하는 자에게 세금을 부과하기 때문에 보통 보유세라는 명칭을 사용합니다.

1) 과세기준일

재산세, 종합부동산세의 과세기준일은 6월 1일로 동일합니다. 지방세법에서 재산세는 매년 6월 1일 기준으로 부과하도록 규정되어 있고, 종합부동산세는 재산세의 과세기준일을 준용하도록 규정하고 있습니다.

2) 과세대상 자산

재산세의 과세대상 자산은 토지, 건물, 주택, 항공기, 선박 등입니다. 종합부동산세의 과세대상 자산은 토지와 주택입니다.

즉, 토지와 주택은 두 세금의 공통적인 과세대상 자산에 해당합니다.

3) 과세기준일 전후에 따라 보유세 납세자가 다르다

두 세금의 과세기준일은 6월 1일입니다. 토지와 주택은 재산세와 종합부동산세가 같이 부과되는 자산입니다.

6월 1일 기준으로 토지나 주택을 소유하고 있으면 그 연도의 재산세와 종합부동산세를 부담해야 합니다.

만일 토지나 주택을 양도한다면 6월 1일 전에 양도(잔금청산일)를 하면 해당 연도의 재산세와 종합부동산세를 부담하지 않을 수 있어 절세를 할 수 있습니다. 즉 해당 자산의 취득자가 보유세를 부담합니다.

반대로 토지나 주택을 6월 1일 이후에 취득을 한다면 해당 연도의 재산세와 종합부동산세를 부담하지 않을 수 있어 절세를 할 수 있습니다. 즉 해당 자산의 양도자가 보유세를 부담합니다.

양도일이 6월 1일인 경우 취득자가 보유세를 부담합니다. 양도일이 6월 2일인 경우 양도자가 보유세를 부담합니다.

24.

두 자산을 양도했는데, 한 자산은 손실이 나고 다른 자산은 차익이 발생한 경우

양도소득세는 양도손익에 대한 세금입니다. 양도손익은 양도가액에서 취득가액과 기타필요경비의 합계액을 차감하여 계산합니다.

양도가액 - 필요경비(취득가액 + 기타필요경비) = 양도차익 또는 양도손실

양도가액이 필요경비보다 작은 경우 양도손실이 발생합니다. 양도손실이 발생하면 양도소득세는 없습니다. 양도소득세가 없기 때문에 신고를 하지 않는 납세자들이 많습니다.

동일 과세기간에 양도를 2건 이상 하는 경우에는 양도손실이 발생한 것을 신고하는 것이 중요합니다.

1) 동일 과세기간에 양도를 2건 이상 하는 경우 양도손실 상계가 가능하다

동일 과세기간에 양도를 2건 이상 하는데 한 양도 건에서 양도차손이 발생하고 다른 양도 건에서 양도차익이 발생하는 경우가 있습니다.

동일 과세기간 내에 매도한 다른 자산의 양도소득금액과 통산이 가능합니다. 같은 해에 양도소득금액이 발생한 다른 자산이 있다면, 양도차손을 그 양도소득금액에서 공제하면 양도소득세를 절세할 수 있습니다.

해당 거래에서 양도차손이 발생했는지는 관할 세무서가 모르기 때문에 납세자가 서류 등을 첨부하여 양도소득세를 신고해야 합니다.

2) 양도차손은 각 그룹 내에서만 통산이 가능

양도차손은 각 그룹 내에서만 통산이 가능합니다. 양도소득세에서 과세대상 자산은 아래와 같은 그룹으로 구분을 합니다.

① 부동산등(토지, 건물, 부동산에 관한 권리, 기타자산)
② 주식등
③ 파생상품

3) 양도차손은 같은 세율을 적용받는 자산에서 우선 공제

양도차손은 같은 세율을 적용받는 자산의 양도소득금액에서 우선 공제하고, 잔여 양도차손은 다른 세율이 적용되는 자산에서 공제합니다.

이때 다른 세율을 적용받는 자산의 양도소득금액이 2 이상인 경우에는 각 세유별 양도소득금액 합계액에서 당해 양도소득금액이 차지하는 비율로 안분하여 공제합니다.

원칙적으로 국내자산과 국외자산은 통산하지 않습니다. 다만, 파생상품과 주식의 경우 국내외 자산 간 손익 통산이 가능합니다.

PART 03

주택 양도소득세

많은 분들이 양도소득세하면 떠올리는 것이 주택 양도와 관련된 것입니다. 1세대 1주택 비과세, 일시적 2주택 비과세, 다주택자 양도소득세 중과세, 재개발·재건축 양도 등.

한국에서 주택은 매우 중요한 자산이자 재테크 수단입니다. 개인(또는 가구)의 재산에서 주택이 절반 이상을 차지하고 있고, 주택으로 자산을 형성하려는 것이 특징입니다.

주택을 통한 재테크에서 양도소득세의 중요성을 재차 강조해도 부족함이 없습니다. 주택 양도차익에서 양도소득세 비과세, 장기보유특별공제 등에 따라 수익성에 큰 영향을 미칩니다.

이 파트에서는 주택과 관련된 주택·세대의 정의, 주택 수, 1세대 1주택 양도소득세, 일시적 2주택 특례 등에 대한 설명을 담고 있습니다.

25.

주택이란

　세법에서 건물은 주거용 건물과 비주거용 건물로 구분합니다. 주택과 상가, 사무실 등으로 구분하지 않고 주거용 건물과 주거용이 아닌 건물로 구분합니다.

　주거용 건물이란 말 그대로 주거를 목적으로 하는 건물입니다. 세대원이 장기간 주거가 가능해야 하고, 주거를 할 수 있는 시설을 갖추고 있어야 합니다.

　주거 시설 중에 화장실이나 주방 시설이 없는 것은 주거용 건물이 아닙니다. 고시원은 주거 시설 중에 화장실이나 주방을 공동으로 사용하기에 주택에 해당하지 않습니다.

　법률마다 주택에 대한 개념의 차이가 있는데, 주택법상의 주택과 세법상의 주택을 비교하면 다음과 같습니다.

1) 주택법상의 주택

"주택(住宅)"이란 세대(世帶)의 구성원이 장기간 독립된 주거생활을 할 수 있는 구조로 된 건축물의 전부 또는 일부 및 그 부속토지를 말하며, 단독주택과 공동주택으로 구분합니다.

① "단독주택"이란 1세대가 하나의 건축물 안에서 독립된 주거생활을 할 수 있는 구조로 된 주택을 말합니다.
② "공동주택"이란 건축물의 벽·복도·계단이나 그 밖의 설비 등의 전부 또는 일부를 공동으로 사용하는 각 세대가 하나의 건축물 안에서 각각 독립된 주거생활을 할 수 있는 구조로 된 주택을 말합니다.
③ "준주택"이란 주택 외의 건축물과 그 부속토지로서 주거시설로 이용 가능한 시설로 기숙사, 다중생활시설, 노인복지주택, 오피스텔을 말합니다.

2) 세법상의 주택

세법에서의 주택은 주택법상의 주택과 달리 각 세법별로 주택을 정의하는 것이 다릅니다. 비교를 하면 다음과 같습니다.

구분	국세		지방세	
	소득세법	조세특례제한법	지방세법	지방세특례제한법
개념	상시 주거용이면 주택에 해당함		각 세목(취득세, 재산세)에서 각각 정의하고 있음	

특징	주택의 실질용도로 주택여부를 판단함 (실질과세원칙)	감면요건은 엄격히 적용해야 하므로 실질보다 형식적인 면을 강조함	주택의 실질용도보다는 공부상의 용도를 우선 적용하는 경향이 있음	주택의 실질용도보다는 공부상의 용도를 우선 적용하는 경향이 있음
적용 범위	단독주택, 공동주택, 오피스텔, 무허가주택 등	단독주택, 공동주택 위주로 감면	단독주택, 공동주택 위주로 법을 적용함	단독주택, 공동주택, 오피스텔에 적용

3) 비주거용 건물인데 주택으로 보는 경우

비주거용 건물이라도 주거 시설을 갖추고 있으면 주택에 해당합니다. 신축된 당시에는 화장실이나 주방이 없었으나 이후에 이 시설을 갖추어 주거용으로 사용하고 있다면 주거용 건물로서 주택에 해당합니다.

공부상으로는 비주거용 건물이지만 주거 시설을 갖추고 있고 실제 주거용으로 사용하고 있으면 비주거용 건물이 아닌 주거용 건물로 판단합니다.

4) 도시형 생활주택

도시형 생활주택은 2009년 도입된 도시에 지을 수 있는 공동주택의 일종으로 전용면적 85㎡ 이하, 300가구 미만 공동주택이며, 일반적인 주택에 비해 주택으로서 갖춰야 할 기준들이 덜 까다로운 것이 특징입니다.

도시형 생활주택은 크게 단지형 연립주택, 단지형 다세대주택, 소형 주택(구 원룸형)형이 있습니다.

26.

세대(또는 가구)란?

주택 양도소득세에서 세대(또는 가구)는 중요합니다. 세대 기준으로 주택 수를 계산하고, 비과세 및 중과세 요건을 판단하기 때문입니다.

주택을 양도할 때 비과세 요건을 충족한 줄 알고 있었는데, 자녀가 주택 1채를 보유하고 있는 나중에 알게 되어, 비과세 요건 미충족으로 양도소득세와 가산세를 추징하는 경우가 있기 때문입니다.

1) 1세대의 정의

거주자(주택을 양도한 자)와 그 배우자가 그들과 동일한 주소 또는 거소에서 생계를 같이하는 가족을 1세대라고 합니다. 이 경우 가족은 거주자와 그 배우자의 직계존비속(그 배우자를 포함한다) 및 형제자매를 말하며, 취학·질병의 요양, 근무상 또는 사업상의 형편으로 본래의 주소 또는 거소를 일시 퇴거한 자를 포함합니다.

배우자에는 법률상 이혼을 하였으나 생계를 같이 하는 등 사실상 이혼한 것으로 보기 어려운 관계에 있는 사람을 포함합니다.

2) 1세대의 판정 기준

1세대에 해당하는지 여부는 주택 양도일 현재를 기준으로 판정하며, 같은 장소에서 생계를 같이하는 가족의 주민등록상 현황과 사실상 현황이 다른 경우에는 사실상 현황에 의합니다.

3) 부부가 각각 단독세대를 구성하거나 가정불화로 별거한 경우

현행 「민법」에서 혼인은 「가족관계의 등록 등에 관한 법률」에 따라 신고함으로써 그 효력이 생긴다고 규정하고 있습니다. 부부가 각각 단독세대를 구성하거나 가정불화로 별거 중이라도 법률상 배우자는 같은 세대로 봅니다.

4) 배우자가 없어도 1세대로 보는 경우

해당 거주자의 연령이 30세 이상이거나 배우자가 사망·이혼한 경우 또는 「소득세법」 제4조에 따른 소득 중 기획재정부령이 정하는 소득이 「국민기초생활보장법」에 따른 기준중위소득을 12개월로 환산한 금액의 40% 이상으로, 소유하고 있는 주택을 관리·유지하면서 독립된 생계를 유지할 수 있는 19세 이상인 성년자는 배우자가 없는 경우에도 1세대 1주택 비과세를 적용 받을 수 있습니다.

즉, 30세 이상인 싱글이 소득이 있고, 혼자 따로 살고 있으면 단독세대로 인정받을 수 있습니다.

5) 양자(養子)의 경우

양자의 직계존속에는 양부모와 생부모를 모두 포함하며, 양자가 양가와 생가 중 어느 세대에 속하는지는 형식상의 주민등록 내용에 불구하고 실질적으로 생계를 같이하는지 여부에 따라 판단합니다.

27.

주택을 구입하여 보유할 때
어떤 세금을 내야 하나요?

　대한민국은 부동산에 대해 관심이 많습니다. 특히 부동산 중에서도 주택에 대한 관심이 큽니다. 그러다 보니 주택에 대한 세금도 관심이 많습니다.

　주택을 취득해서 보유할 때 민감한 세금이 종합부동산세입니다. 재산세는 당연히 내는 세금이어서 불만이 없습니다. 그러나 종합부동산세는 주택을 1채 보유하는 것과 2채 이상 보유할 때 부과되는 종합부동산세 차이가 큰 세금입니다.

　취득부터 양도까지 주택에 대한 세금은 아래의 표와 같습니다.

구분	국세	지방세	
		지방세(본세)	관련 부가세
취득	상속세(상속 받은 경우)	취득세	농어촌특별세(국세)
	증여세(증여 받은 경우)		지방교육세(지방세)
보유	종합부동산세(요건 충족 시) 농어촌특별세(관련 부가세)	재산세	지방교육세 지역자원시설세 재산세과세특례 (재산세에 통합과세)
양도	양도소득세	지방소득세 (소득세할)	-

1) 취득 단계

주택을 매매로 취득한 경우 국세로 부담하는 것은 없습니다. 상속이나 증여로 취득한 경우 상속인은 상속세를, 수증자는 증여세를 부담합니다.

취득 형태와 관계없이 공통적으로 취득세(부가세 포함)를 부담합니다.

2) 보유 단계

주택을 보유할 때 재산세를 부담합니다. 1주택자라도 재산세를 부담합니다.

일정요건을 충족하는 1주택자와 2주택 이상 보유하는 자는 종합부동산세를 부담합니다.

3) 양도 단계

보유하고 있는 주택을 양도하는 경우 양도소득세와 지방소득세를 부과합니다. 1주택자 비과세 요건을 충족하는 경우와 일시적 2주택 비과세 요건을 충족하는 경우 고가주택 이하인 경우 양도소득세 비과세를 적용받을 수 있고, 고가주택 초과분은 양도소득세를 과세합니다.

28.

1세대 1주택 양도소득세 비과세

주택 양도소득세에서 가장 중요한 것은 1세대(또는 가구)가 1주택자로 비과세를 적용받는 것입니다.

1세대 1주택자로 양도소득세 비과세 적용을 받으려면 세법에서 규정한 요건을 충족해야 합니다.

1) 1세대란

1세대란 거주 및 그 배우자(사실혼 포함)가 그들과 같은 주소 또는 거소에서 생계를 같이 하는 자[거주자 및 그 배우자의 직계존비속(그 배우자를 포함한다) 및 형제자매를 말하며, 취학, 질병의 요양, 근무상 또는 사업상의 형편으로 본래의 주소 또는 거소에서 일시 퇴거한 사람을 포함한다]와 함께 구성하는 가족단위를 말합니다.

2) 1주택 비과세 요건

1주택이란 말 그대로 세대가 주택을 1채만 보유하고 있는 것을 말합니다. 1세대가 보유하고 있는 주택을 2년 이상 보유해야 합니다.

다만, 해당 주택을 취득 당시 조정대상지역이었던 경우에는 세대가 2년 이상 거주한 주택이어야 합니다.

3) 고가주택인 경우(매도가액 12억원 초과)

1세대 1주택으로서 고가주택(그 부수토지 포함)에 해당하는 경우에는 전체 양도차익 중 12억 원을 초과하는 부분에 상당한 양도차익에 대하여만 양도소득세를 부과합니다. 12억 원 이하에 해당하는 양도차익은 과세하지 않습니다.

고가주택이란 주택 및 이에 부수되는 토지의 양도 당시 실지거래 가액이 12억 원을 초과하는 주택을 말합니다.

4) 고가주택의 과세대상 양도소득세 계산 사례

1세대 1주택자가 주택을 양도했습니다. 해당 주택의 조건이 아래와 같은 경우 과세대상 양도소득금액 및 산출세액 계산은 다음과 같습니다.

① 양도일: 2025. 03. 13.
② 취득일: 2006. 04. 18.
③ 양도가액: 16억 원

④ 취득가액: 6억 원

⑤ 기타 필요경비: 5천만 원

⑥ 보유기간 중 10년 이상 거주

5) 과세대상 양도소득금액 계산

① 전체 양도차익계산: 16억 원 - 6억 원 - 5천만 원 = 9.5억 원

② 과세대상 양도차익의계산: 9.5억 원 × (16억 원 - 12억 원) / 16억 원
  = 2.375억 원

③ 공제할 장기보유특별공제액 계산: 2.375억 원 × 80% = 1.9억 원

④ 과세대상 양도소득금액: 2.375억 원 - 1.9억 원 = 4,750만 원

6) 산출세액 계산

① 과세대상 양도소득금액: 4,750만 원

② 과세표준: 4,750만 원 - 250만 원 = 4,500만 원

③ 산출세액: 4,500만 원 × 세율(6%~15%) = 549만 원

사례에서 1주택자 비과세가 적용되어 양도차익 9.5억 원에 양도소득세가 549만 원으로입니다. 양도차익에서 양도소득세 비율이 0.578%밖에 되지 않습니다.

29.

2주택자가 양도소득세 비과세를
받을 수 있을까?

1세대 1주택자는 요건을 충족하면 양도소득세 비과세를 받을 수 있습니다. 1주택자가 이사를 가기 위해 일시적으로 2주택자가 되는 등 부득이한 상황이 있을 수 있습니다. 2주택자는 원칙적으로 양도소득세 비과세를 적용받을 수 없지만, 예외적으로 이사 목적 등으로 2주택자가 되는 경우 일정 요건을 충족하면 양도소득세 비과세를 적용받을 수 있도록 하고 있습니다.

1주택(종전 주택)을 보유하고 있는 1세대가 일시적 2주택으로 양도소득세 비과세를 받기 위해서는 먼저 종전 주택에 대해 1주택 비과세 요건을 충족하고 있어야 합니다. 이는 흔히 일시적 2주택 양도소득세 비과세로 알려져 있습니다.

대표적으로 아래에 해당이 되는 경우 종전 주택을 양도할 때 양도소득세 비과세 특례를 적용받을 수 있습니다.

1) 이사를 가기 위해 일시적으로 두 채의 집을 갖게 되는 경우

집 한 채(종전 주택)를 가지고 있는 1세대가 이사를 가려면 주택을 신규로 취득해야 합니다. 종전 주택을 양도하기 전에 신규 주택을 취득해야 하므로 일시적으로 2주택자가 됩니다. 종전 주택을 팔기 전에 종전의 주택을 취득한 날부터 1년이 지난 후 새로운 주택을 사고 종전부터 가지고 있던 주택을 3년 안에 팔게 되면 양도소득세가 비과세 됩니다.

다만, 종전 주택이 양도일 현재 비과세 요건을 갖추어야 합니다.

2) 결혼으로 집이 두 채가 되는 경우

혼인으로 2주택자가 되는 경우 요건을 충족하면 10년 이내에 먼저 양도하는 주택에 대해 양도소득세 비과세를 받을 수 있습니다. 다만, 양도하는 주택이 양도일 현재 비과세 요건을 갖추어야 합니다.

① 각각 1주택을 소유한 남녀가 결혼하여 1세대 2주택이 된 경우
② 1주택을 소유한 직계존속(60세 이상)을 동거 봉양하는 무주택자가 1주택을 보유한 자와 혼인함으로써 1세대 2주택이 된 경우

3) 노부모를 봉양하기 위해 세대를 합침으로써 집이 두 채가 되는 경우

독립하여 살고 있는 자녀부부가 연로한 부모를 봉양하기 위해 합가를 하는 경우가 있습니다.

자녀부부가 주택 1채를 보유하고 있고, 노부모가 주택 1채를 보유하고

있는 상태에서 세대를 합가하면 2주택이 됩니다.

4) 1주택을 소유한 1세대가 1주택을 소유한 60세 이상의 직계존속 (배우자의 직계존속 포함)을 봉양하기 위하여 세대를 합침으로써 1세대 2주택이 된 경우

합가일로부터 10년 이내에 먼저 양도하는 주택에 대해 양도소득세 비과세를 적용받을 수 있습니다. 다만, 양도하는 주택이 양도일 현재 비과세 요건을 갖추어야 합니다.

5) 집을 상속 받아 집이 두 채가 되는 경우

피상속인의 사망으로 1주택을 보유 중인 상속인이 주택을 상속받아 2주택자가 된 경우 상속주택을 제외하고 보유하고 있던 주택을 먼저 양도하는 경우 양도소득세 비과세를 적용받을 수 있습니다.

양도하는 주택이 양도일 현재 비과세 요건을 갖추어야 합니다. 상속주택을 먼저 양도하는 경우 양도소득세가 과세됩니다.

상속인이 무주택자로 피상속인으로부터 상속받은 주택이 2주택인 경우로서 먼저 양도하는 주택은 양도소득세가 비과세되지 않습니다.

자녀가 1주택자이고, 피상속인이 1주택자로 자녀가 동거봉양 목적으로 합가한 이후 피상속인이 사망하여 피상속인의 주택을 상속받은 경우에는 상속주택 특례를 적용받을 수 있습니다.

6) 직장 변경이나 전근 등으로 주택을 취득하여 집이 두 채가 되는 경우

회사원이 전근이나 직장 변경으로 거주하고 있는 집에서 출퇴근을 하기에 현실적으로 불가능한 경우가 있습니다. 이 경우 원활한 출퇴근을 위해 새로운 주거지를 알아보고 이사를 갑니다. 요건은 아래와 같습니다.

① 직장 변경 또는 전근 등 근무상 사유로 현 거주지에서 현실적으로 출퇴근이 불가능
② 세대 전원이 다른 지역으로 이사
③ 종전 주택에서 1년 이상 거주
④ 종전 주택 취득일로부터 1년 이상 지나서 신규 주택 취득

위의 요건을 충족하는 경우 종전 주택을 2년 이상 보유하지 못했어도 일시적 2주택으로 양도소득세 비과세 적용을 받을 수 있습니다.

7) 농어촌주택을 취득하여 집이 두 채가 되는 경우

세대가 일반주택과 농어촌주택을 소유하고 있는데, 아래의 요건을 충족하는 경우 일반주택을 양도할 때 일시적 2주택 양도소득세 특례를 적용받을 수 있습니다. 양도하는 일반주택은 비과세 요건을 충족한 경우이어야 합니다.

(1) 주택을 소유한 자가 서울, 인천, 경기도를 제외한 읍·면지역(읍지역의 도시지역 내는 제외)에 소재한 농어촌주택을 보유하여 1세대 2주택이 된 경우

농어촌주택 이외의 일반주택을 비과세 요건을 갖춘 후에 팔게 되면 양도소득세가 과세되지 않습니다.

(2) 2003. 8. 1.(고향주택은 2009. 1. 1. 부터)~2017. 12. 31. 기간 중에 농어촌 지역에 소재하는 일정 규모 이하의 주택을 취득하여 1세대 2주택이 된 경우

일반 주택 양도시 비과세 해당여부는 농어촌주택을 제외하고 판단합니다(농어촌주택을 3년 이상 보유하여야 함).

(3) 농어촌 주택이란

① 농어촌지역: 읍·면·인구 20만 이하인 시의 동(수도권, 도시지역, 토지거래허가구역, 투기지역, 관광단지 지역은 제외)
② 주택규모: 대지 660㎡, 건물 150㎡(공동주택 116㎡) 이내
③ 주택가격: 농어촌주택 취득 시 기준시가 2억 원 이하(한옥은 4억 원 이하 → 2014. 1. 1. 이후 취득분부터 적용)

(4) 고향 주택이란

① 고향주택: 시 지역(수도권, 투기지역, 관광단지지역은 제외)
② 주택규모: 대지 660㎡, 건물 150㎡(공동주택 116㎡) 이내
③ 주택가격: 고향주택 취득 시 기준시가 2억 원 이하(한옥은 4억 원 이하 → 2014. 1. 1. 이후 취득분부터 적용)

30.

다주택자의 중과세 제도

2017년 8월 2일 부동산정책에 따라 중과대상 주택을 2채 이상 보유하고 다주택자가 조정대상지역에 소재하는 주택을 양도하는 경우 양도소득세를 중과세합니다.

2주택 이상을 보유하고 있는 세대에 대해 무조건 중과세를 적용하는 것은 아닙니다. 중과세율이 적용되는 경우는 아래와 같습니다.

① 2주택 이상 보유자가
② 보유하고 있는 주택이 중과대상이고 그 주택이 2주택 이상이며,
③ 조정대상지역에 소재하는 주택을 양도하는 경우에,
  장기보유특별공제가 배제되고, 양도세율은 중과세율이 적용됩니다.

2주택 중과세인 경우에는 기본세율에 20%p을 가산하고, 3주택 중과세인 경우에는 기본세율에 30%p을 가산합니다.

현재 조정대상지역은 서울 4개 지역(서초구, 강남구, 송파구, 용산구)만 지정되어 있습니다.

현재 다주택자의 양도소득세 중과세는 유예를 하고 있는데, 2026년 5월 9일까지 연장되었습니다. 유예 대상 여부는 양도일(잔금청산일)을 기준으로 합니다.

1) 다주택자 중과세 요건
① 양도일 현재 조정대상지역에 소재하는 주택을 양도할 것
② 양도일 현재 양도자가 중과대상 주택을 2채 이상 소유할 것
③ 양도하는 주택이 중과제외 주택에 해당하지 않을 것

2) 다주택자 중과세 적용 효과
① 장기보유특별공제 적용 배제
② 2주택 중과세: 기본세율 + 20%p 가산
③ 3주택 중과세: 기본세율 + 30%p 가산

해당 중과세율은 양도소득세뿐만 아니라 지방소득세에도 중과세율이 적용됩니다.

3) 다주택자 양도소득세 중과세 적용 판정 시점은 양도일 기준이다
양도소득세의 납세의무 성립일은 양도일입니다. 그래서 양도소득세 중과세 판정 여부는 양도일을 기준으로 합니다.

예를 들어 다주택자가 주택을 양도하면서 잔금청산일이 2026년 5월 9일인 경우 양도일이 동일사이므로 중과세율이 적용되지 않고 기본세율이 적용됩니다.

양도일은 잔금청산일이지만, 등기접수일이 잔금청산일보다 빠른 경우 등기접수일이 양도일입니다.

31.

무허가주택은 주택에 포함될까?

주택을 신축하려면 지자체에 건축허가를 받아야 하고 건축이 끝나면 준공검사를 받아야 합니다. 주택 중에 허가 없이 신축한 주택이 있습니다. 이를 무허가주택이라고 합니다.

무허가주택에 대해 공통적으로 생각하는 것이 무허가주택은 허가받지 않은 주택이니 양도소득세 과세대상에 해당되지 않을까, 관할 세무서에서 무허가주택을 매매한 것을 모르겠지 입니다.

1) 미등기 주택 해당 여부

무허가주택은 지자체에 허가 없이 지은 주택입니다. 공사가 준공검사을 받고 소유권보전등기를 해야 하지만, 무허가주택은 허가받지 않은 주택이어서 미등기한 주택에도 해당합니다.

2) 무허가주택 외에 일반주택을 보유한 경우 2주택 해당 여부

주택 양도 당시 일반주택 외에 무허가주택을 소유하고 있는 경우 양도일 현재 1주택을 보유하고 있는 경우에 해당하지 않습니다. 2주택자에 해당합니다.

3) 불법 건축주택이어도 주택에 해당하는지 여부

건축허가를 받지 않거나, 불법으로 건축된 주택이라 하더라도 주택으로 사용할 목적으로 건축된 건축물인 경우에는 건축에 관한 신고 여부, 건축완성에 대한 사용검사나 사용승인에 불구하고 주택에 해당합니다.

1주택(무허가주택)만 소유한 경우에는 1세대 1주택 비과세 규정을 적용받을 수 있습니다(양도집행 89-154-6).

4) 무허가주택이 있는 토지를 취득한 경우 주택도 함께 취득한 것으로 볼 것인지 여부

주택은 주거용 건물과 그에 딸린 부수토지로 구성되어 있습니다. 주택의 건물이나 토지를 구별하여 취득하지 않는 이상 주택을 취득하여 건물과 토지를 함께 취득합니다.

부동산거래에서 토지가 매매되면 특별한 사정이 없는 한 그 지상의 건물도 함께 매매되는 것이 통상적이라 할 수 있으므로, 주택이 무허가주택인 관계로 소유권이전등기를 하지 못하였을 뿐 토지를 취득하면서 함께 취득하였다고 보는 것이 일반적입니다(국심 2004구1562, 2004.11.8.).

5) 특정건축물 양성화 조치의 주택(「특정건축물 정리에 관한 특별조치법」)

1세대 1주택 비과세 규정을 적용함에 있어서 무허가주택이 특정건축물 양성화 조치에 따라 등기가 가능한 주택에 해당되는 경우에도 미등기 상태로 양도하는 경우 1세대 1주택 비과세가 적용되지 않습니다.

32.

폐가는 주택일까?

주택 양도소득세에서 중요한 것이 주택 수입니다. 특히 1주택자 양도소득세 비과세나 일시적 2주택으로 양도소득세 비과세에서 주택 수 요건이 충족되어야 하기 때문입니다.

양도소득세 비과세에서 폐가 때문에 비과세를 못 받는 경우가 있습니다. 보유 중인 주택이 폐가여서 주택이 아니라고 생각했는데, 주택으로 볼 수 있는 것으로 여겨져서 폐가가 주택 수에 포함되어 비과세가 취소된 것입니다. 이로 인해 양도소득세 추징과 가산세도 함께 과세됩니다.

어떤 경우에 폐가가 주택으로 보지 않게 되는 것일까요?

1) 주택으로 보지 아니한 경우
① 「건축법」상 건축물로 볼 수 없을 정도로 폐가가 된 경우
장기간 공가상태로 방치한 건물이 「건축법」상 건축물로 볼 수 없을 정

도로 폐가가 된 경우에는 주택으로 보지 아니하는 것이며, 귀하의 주택이 주택으로 볼 수 있는지 여부는 관련 사실 및 현장을 확인하여 판단하는 것이다(부동산-72, 2015.3.26.)

② 통상적인 주거에 공할 수 없는 폐가 상태인 경우

주택이 낡은 건물로 철거되기 수년 전부터 전기공급이 중단되는 등 사람이 거주한 사실이 없고, 관할관청에서도 재산적 가치가 없다고 보아 과세하지 않은 경우(조심 2018전0232, 2018.5.17.)

③ 전기·수도 등 내부시설을 완전히 철거한 경우

상수도·전기시설 등 내부시설을 완전히 철거하여 사람이 거주할 수 없는 폐가상태로 사실상 주택으로서 사용이 불가능한 경우(국심 2004서593, 2004.5.19.)

④ 주택기능 상실한 농가주택을 질병 치료차 임시거주한 경우

농가주택이 아들의 "질병치료"를 위하여 부득이 "임시"로 거주한 것으로서 주택으로서 기능을 상실한 경우(조심 2010중0537, 2010.12.17.)

⑤ 양봉장 및 창고로 사용

주택이 양봉장 및 창고로 사용되고 있고 정상적인 "주거공간"으로 이용이 불가능한 상태이므로 사실상 주택으로 볼 수 없는 경우(심사 양도 2011-0197, 2011.12.8)

⑥ 지붕이 붕괴된 경우

주택의 건물 내부는 곰팡이가 가득하고 담과 지붕이 이미 붕괴되었으며 잡풀이 무성하여 사실상 방치되어 있었다며 관련 사진 등을 제시하고 있는 점 등에 비추어 사실상 폐가 상태로서 주택의 기능을 상실한 경우(조심 2014전4498, 2015.8.25.)

2) 주택으로 보는 경우

① 언제든지 주택으로 이용 가능한 상태인 경우

주택의 양도일 현재까지 전기와 수도가 사용된 것으로 보아 사람의 거주 여부를 떠나 주택으로서의 기능을 상실한 정도의 폐가로 보기는 어렵다 할 것이고 언제든지 주택으로 이용이 가능한 상태인 경우(조심 2008중0781, 2008.6.13).

② 멸실등기되지 아니한 경우

재건축주택 등의 경우 관리처분계획인가일을 기준으로 주택이 입주권으로 전환되는 것으로 관리처분계획인가일 이전에는 사실상 폐가상태라 하더라도 멸실등기가 되어 있지 않은 경우(조심 2008중1560, 2008.10.31).

③ 사람이 살지 않아 상당 정도 노후화가 진행된 경우

사람이 살지 않아 상당 정도 노후화가 진행되고 있었다 하더라도, 그 기본적인 구조나 기능 등의 면에서 주거용에 적합한 상태에 있어 언제든지 수리만 한다면 주택으로 사용할 수 있는 상태인 경우(대법원 2019두55118, 2020.1.30).

④ 퇴거 후 인가 전 모든 전기·수도시설이 철거된 경우

일반주택의 판단은 주거기능이 유지·관리되고 제3자가 주택으로 사용할 수 있는 경우 주택으로 판단하나, 조합원입주권을 취득할 수 있는 재건축아파트의 주택은 주거용으로서 잠재적 기능을 여전히 보유한 상태인 경우 주택으로 보므로 퇴거 후 모든 전기·수도시설이 철거된 재건축아파트도 주택으로 볼 수 있다(대법원 2008두11310, 2009.11.26).

* 사실상 주거기능이 상실된 주택이라도 세법상 주택으로 볼 수 있음.

⑤ 전기사용계약이 임시 해지된 경우

장기 미사용으로 인하여 전기사용계약이 임시 해지된 경우(조심 2009 서3950, 2010.9.27).

⑥ 기둥·벽·지붕이 있는 경우

집 안채는 대문과 담장 사이에 앞마당이 있을 정도로 떨어져 있고, 대문과 담장이 일부 훼손되었으나 슬라브지붕·기둥·벽체 등이 온전한 경우(조심 2015부2853, 2015.12.30).

⑦ 농어촌주택의 주택분 재산세를 납부한 경우

쟁점농어촌주택에 대하여 매년 개별주택가격이 산정·공시되었고, 주택분 재산세가 과세되었으며, 농어촌주택의 주택분 재산세를 납부하였던 점, 농어촌주택의 소재지에 주민등록상 주소지를 두고 있었던 점, 농어촌주택이 장기간 사용되지 않았지만 건물이 멸실되었거나 사용이 불가능한 상태는 아닌 것으로 보이고 건축물대장상 건물로서 등재되어 있는 점 등(조심 2016중1231, 2016.5.2.).

33.

한 건물에 상가와 주택이 같이 있는 겸용주택의 양도소득세

하나의 건물이 주거용(주택)과 비주거용(사무실이나 점포 등)으로 구분되어 사용되는 건물을 겸용주택이라 하는데, 보통 상가주택이라고 합니다.

1-2층은 근린생활시설, 3-5층은 주택(다가구주택)으로 구성되어 있는 경우가 많습니다.

세법이 개정되기 전까지 겸용주택을 양도소득세 절세 수단으로 많이 이용했습니다. 겸용주택을 신축하여 임대를 하다가 겸용주택 전체를 1세대 1주택자로 양도하여 양도소득세 비과세 적용을 받는 것이 절세 방법으로 중요하게 여겨졌습니다.

1) 겸용주택의 주택판정 기준

주택의 연면적과 주택 외(상가)의 연면적을 기준으로 하여 다음과 같이 판단합니다.

① 주택면적 > 주택 외의 면적: 전부를 주택으로 봅니다.
② 주택면적 ≤ 주택 외의 면적: 주택부분만 주택으로 봅니다.
③ 주택과 주택 외 구분이 불분명한 경우 아래와 같이 안분합니다.
▶ 주택정착면적: 건물전체정착면적 × (주택부분연면적 / 건물전체연면적)

※ 울타리 안에 2채 이상의 주택이 있는 경우로서 2채(안채, 별채 등) 이상의 주택이 동일한 생활영역 안에 있다면 1세대 1주택 판정 시 이를 하나의 주택으로 보는 것으로 이 경우 동일한 생활영역 안에 있는 1주택으로 볼 것인지 여부는 각 건물의 주출입구와 독립성 등을 종합적으로 검토하여 사실판단할 사항이다(재산46014-861, 2000.07.13.).

2) 다주택자의 경우 겸용주택의 주택판정

겸용주택의 주택 판정 기준은 1세대 1주택 비과세 규정이 적용되는 경우에만 해당이 되기 때문에, 다주택자의 경우에는 주택의 연면적이 주택 이외의 연면적보다 크더라도 주택이외의 부분은 주택에 해당되지 아니합니다.

겸용주택의 상가가 실제 점포에 해당하는지, 주택이 실제 주택에 해당하는지 확인부터 해야 합니다. 또한 주택이 다가구주택인지 다세대주택인지 확인을 해야 합니다. 단독주택과 다가구주택만 해당이 됩니다.

3) 겸용주택의 고가주택 판정 기준

① 주택면적 > 주택 외의 면적: 전부를 주택으로 보아 양도가액이 12억 원을 초과하는지 판단
② 주택면적 ≤ 주택 외의 면적: 주택부분만 양도가액이 12억 원을 초과하는지 판단

4) 겸용주택 관련 사례들

(1) 영업용 건물 내의 주거용 시설이 있는 경우

상가 및 사무실로 임대하고 있는 영업용건물 내에 주거용 방을 설치하여 사용하고 있다고 하더라도 거주 목적이 아닌 경우에는 주택으로 볼 수 없습니다(재일 01254-619, 1990.4.24.).

다만, 실제로 가족이 주거생활을 한 공간이라면 주택으로 봅니다(국심 2003중1024, 2003.8.5.).

(2) 공용으로 사용한 경우

겸용주택의 지하실은 실지 사용하는 용도에 따라 판단하는 것이며, 그 사용 용도가 명확하지 아니할 경우에는 주택의 면적과 주택 이외의 면적의 비율로 안분하여 계산합니다(소기통 89-154…11).

공용으로 사용되는 건물의 안분계산

주택면적 = 주택전용면적 + 공용면적 × [주택전용면적 / (주택전용면적 +주택이외전용면적)]

(3) 멸실·증축·용도변경·신축한 경우
① 겸용주택을 양도할 때 양도시점에서 주택이외의 건물의 일부나 전부를 멸실한 경우
② 주택이외의 건물을 주택으로 용도변경한 경우
③ 주택의 일부를 증축(무허가주택 포함)하는 경우

위의 해당 되는 멸실·증축·용도변경일로부터 비과세 요건을 갖추지 못한 경우에는 해당 부수토지는 양도소득세가 과세됩니다.

※ 양도소득세가 비과세되는 1세대 1주택을 판정함에 있어 주택의 구분은 사실상의 사용용도에 의하는 것이며, 그 사용용도가 불분명한 경우에는 공부상의 내용에 의하는 것으로 매각 전 주택부분을 제외한 상가부분을 멸실한다 하더라도 그 부수토지는 양도소득세의 과세대상이 됩니다(재산46014-981, 2000.08.09.).

(4) 겸용주택을 멸실 후 신축한 경우
겸용주택을 소실·도괴·노후 등으로 멸실하고 재건축한 경우 보유 및 거주기간은 통산합니다. 다만, 신축 후의 기간만으로도 비과세 요건을

갖춘 경우에는 종전건물의 주택비율에 상관없이 신축건물의 현황만으로 판단합니다. 따라서 신축건물이 비과세 요건을 갖춘 경우에는 신축건물의 면적만으로 비과세범위를 판단하고, 신축건물이 비과세 요건을 갖추지 못한 경우에는 종전 건물과 신축건물의 면적 비율 중 낮은 비율로 비과세 범위를 판단합니다.

(5) 다세대주택이 겸용주택에 해당하는지 여부

하층은 근린생활시설로 되어 있고 상층은 구분등기가 경료된 다세대주택인 경우에는 겸용주택으로 보지 아니하는 것임(서면인터넷방문상담4팀-642, 2005.04.27.).

34.

미분양 주택에 대한 양도소득세 감면 특례

주택 양도소득세에서 최고의 절세는 1세대 1주택 비과세를 받는 것입니다. 여기에 한 가지를 추가한다면 미분양 주택에 대한 양도소득세 감면 특례를 받는 것입니다.

1) 미분양 주택 감면대상이란?

미분양 주택에 대한 양도소득세 감면 특례는 정부가 침체 된 주택경제를 부양하기 위한 정책과 관련 있습니다. 경제가 침체 되어 미분양 주택이 증가하는 것을 방지하기 위해 정책 지원을 합니다. 정책 지원으로 미분양 주택을 취득한 자는 양도소득세 감면 특례를 받을 수 있습니다.

2) 미분양 주택에 대한 양도소득세 감면의 요건은?

미분양 주택에 대한 양도소득세 감면 특례는 정부가 주택 경기 활성화가 필요할 때마다 세법에 규정을 만들었습니다. 세법에는 미분양 주택에 대한 양도소득세 특례 규정들이 있는데, 각 규정마다 요건의 차이가 있습니다. 미분양 주택의 취득기간·소재지·규모·취득가격 등.

중요한 것은 납세자가 미분양 주택 특례 요건을 충족하는 주택을 취득한 경우 해당 주택 소재지의 지방자치단체에서 미분양 특례에 해당한다는 확인도장을 분양계약서(또는 공급계약서)에 날인하는데, 이 확인도장 받은 것이 중요합니다.

3) 미분양 주택에 대한 양도소득세 감면의 혜택

미분양 주택에 대한 양도소득세 감면의 혜택은 각 규정마다 다르지만, 취득일로부터 5년 이내에 발생한 양도소득세 감면, 주택 수에서 제외, 양도 시 중과세율 배제 등의 혜택을 받을 수가 있습니다.

4) 미분양 주택에 대한 양도소득세 감면대상을 증여하면?

미분양 주택에 대한 양도소득세 감면대상 요건을 충족하는 주택은 가족에게 증여하면, 수증자는 해당 주택을 증여일에 증여자로부터 취득한 것입니다. 증여로 취득한 일반주택이 되어 미분양 주택에 대한 양도소득세 감면대상 주택에 해당하지 않습니다.

35.

등록임대주택(장기일반임대주택)과 양도소득세 혜택

세법에는 주택임대와 관련하여 양도소득세 혜택을 받을 수 있는 규정이 있습니다. 여러 번의 개정을 거쳐 단기임대는 폐지가 되었고 장기일반임대주택에 대한 양도소득세 혜택 관련 규정으로 정리가 되었습니다. 이는 주택 투기 억제를 위한 것입니다.

1) 거주주택 비과세 특례

1세대가 거주하고 있는 주택(거주주택)이 있고, 장기일반임대주택이 있을 때, 거주주택을 양도하는 경우 비과세 특례를 받을 수 있습니다. 비과세를 받기 위한 요건은 아래와 같습니다.

① 거주주택은 말 그대로 거주하고 있는 주택을 말합니다. 거주주택은 2년 이상 거주하고 있어야 합니다.
② 장기일반임대주택은 지방자치단체와 세무서에 등록한 임대사업자로 각각 등록해야 하고 10년 이상을 임대해야 합니다.

③ 장기일반임대주택은 임대개시일 기준으로 기준시가 6억 원 이하(비수도권은 3억 원)여야 합니다.
④ 장기일반임대주택은 임대기간 중 임대료 증액 제한 5% 이하를 준수해야 합니다.

최근에 세법이 개정되어 거주주택의 양도소득세 비과세 특례는 횟수 제한이 없습니다.

2) 장기일반임대주택에 대한 장기보유특별공제 특례

장기일반임대주택에 대한 장기보유특별공제 특례는 2가지가 있습니다. 장기일반임대주택을 임대등록하여 6년 이상을 임대하고 양도하는 경우가 있고, 8년 이상 또는 10년 이상을 임대하여 양도하는 경우가 있습니다. 이때 보유기간에 따라 장기보유특별공제 특례를 적용받을 수 있는데 차이가 있습니다.

(1) 등록임대로 6년 이상을 임대한 경우

주택임대사업자가 아래의 요건을 충족한 임대주택을 6년 이상 임대하고 양도하는 경우 보유기간에 따라 장기보유특별공제율에 추가 공제율을 가산합니다.

① 임대개시일 당시 기준시가 6억 원(비수도권은 3억 원) 이하
② 2018.03.31.까지 임대주택으로 지방자치단체와 세무서에 등록(단기임대, 장기일반임대)

③ 6년 이상 임대

임대기간에 따른 장기보유특별공제율은 다음과 같습니다.

임대기간	6년	7년	8년	9년	10년
일반공제율	12%	14%	16%	18%	20%
추가공제율	2%	4%	6%	8%	10%
총공제율	14%	18%	22%	26%	30%

추가공제율은 최대 10%로, 15년 이상 임대한 경우 일반공제율 30%와 추가공제율 10%을 가산하여 최대 장기보유특별공제률을 40% 공제받을 수 있습니다.

(2) 장기일반임대주택을 8년(또는 10년) 이상을 임대한 경우

주택임대사업자가 아래의 요건을 충족하는 장기일반임대주택을 8년 이상 임대하고 양도하는 경우에는 임대기간 중 발생한 양도차익에 장기보유특별공제율 50%(10년 이상 임대 시 70%)을 적용받을 수 있습니다.

① 국민주택규모 이하
② 임대개시일 당시 기준시가 6억 원(비수도권은 3억 원) 이하
③ 장기일반임대주택으로 등록하여 8년(또는 10년) 이상 임대
④ 임대료 5% 증액제한 준수
⑤ 2020년 12월 31일까지 임대주택으로 지방자치단체와 세무서에 등록

3) 장기일반임대주택을 양도한 경우 양도소득세 감면 특례

주택임대사업자가 아래의 요건을 충족하는 장기일반임대주택을 10년 이상 임대하고 양도한 경우 임대기간 중 발생한 양도소득에 대해 양도소득세를 100% 감면을 합니다. 다만 감면받은 양도소득세의 20%을 농어촌특별세로 과세합니다.

① 국민주택규모 이하
② 임대개시일 당시 기준시가 6억 원(비수도권은 3억 원) 이하
③ 장기일반임대주택으로 등록하여 10년 이상 임대
④ 임대료 5% 증액제한 준수
⑤ 2018년 12월 31일까지 취득하여 임대주택으로 지방자치단체와 세무서에 등록

신축 또는 분양받은 주택을 취득일로부터 3개월 이내에 장기일반임대주택을 등록하여 임대를 해야 합니다. 만일 취득일로부터 3개월이 지나서 장기일반임대주택을 등록하여 10년 임대를 했어도 양도소득세 감면 특례를 받을 수 없습니다.

양도소득세 감면 특례를 적용하는 경우 장기보유특별공제 특례를 중복하여 적용하지 않습니다.

36.

고가주택과 양도소득세

양도소득세에서 고가주택은 주택과 그에 딸린 토지의 양도 당시 실지거래가액의 합계액이 12억 원을 초과하는 주택을 말합니다.

공동소유하는 주택은 그 소유지분에 해당하는 가액을 기준으로 하는 것이 아니라, 주택 전체를 기준으로 고가주택에 해당하는지를 판단합니다.

건물에 주택(단독주택 또는 다가구주택)과 상가가 같이 있는 겸용건물은 고가주택을 어떻게 판단할까요?

1) 겸용주택의 고가주택 판정

하나의 건물이 주택과 주택 외의 부분으로 복합되어 있는 겸용주택의 경우 주택 면적이 주택 외의 면적보다 큰 경우로서 그 전부를 주택으로 보아 1세대 1주택 비과세 규정을 적용하는 때에는 그 주택 외의 부분의 가액이 포함된 전체 건물과 그에 딸린 토지의 실지거래가액을 기준으로 고가주택을 판정한다.

2) 부담부증여 주택의 고가주택 판정

부모가 자녀에게 부동산을 증여할 때 부동산의 담보대출 또는 임차인의 보증금을 승계하는 조건의 부담부증여를 합니다. 부담부증여는 증여와 양도가 결합 된 증여로 수증자는 증여세를 부담하고, 증여자는 양도소득세를 부담합니다.

주택을 부담부증여하는 경우 수증자가 인수하는 채무액이 12억 원 이하여도 전체의 주택가액이 12억 원을 초과하면 고가주택에 해당합니다.

예를 들어 부모가 1세대 1주택 비과세요건을 충족하는 주택을 자녀에게 증여했습니다. 해당 주택의 시가는 15억 원이고, 세입자의 전세보증금이 8억 원입니다. 해당 주택가액은 15억 원[= 8억 원 × (15억 원 ÷ 8억 원)]으로 고가주택에 해당합니다.

3) 주택이 수용되는 경우 고가주택 판정

주택은 주택건물과 그에 딸린 부속토지로 구성되어 있습니다. 주택이 수용될 때 전체 주택이 수용되는 경우가 있고, 주택건물과 그에 딸린 부속토지가 시차를 두고 각각 수용되는 경우가 있습니다.

주택과 그에 딸린 토지가 시차를 두고 협의매수·수용된 경우 전체를 하나의 거래로 보아 고가주택 양도차익을 계산합니다.

주택 및 그에 딸린 토지 중에 일부만 수용되는 경우가 있습니다. 이 경우 양도 당시의 실지거래가액 합계액에 양도하는 부분의 면적이 전체주택면적에서 차지하는 비율로 나누어 계산한 금액이 12억 원을 초과하는 경우 고가주택으로 봅니다.

4) 신축주택 감면과 고가주택 규정의 중복적용 여부

실지거래가액이 12억 원을 초과하는 양도소득세 감면대상에 해당하는 신축주택이 1세대 1주택 비과세 요건도 충족하는 경우 양도소득세의 두 혜택을 받을 수가 있습니다. 이 경우 어떤 혜택을 먼저 적용할까요?

고가주택인 신축주택이 양도소득세 감면대상과 1세대 1주택 비과세 요건을 충족하는 경우 1세대 1주택 비과세를 적용한 양도차익을 산정하고, 그 양도차익에 대하여 신축주택 감면규정을 적용합니다.

37.

재개발 · 재건축과 양도소득세

주택이 낡으면 수선이나 리모델링을 하지만, 많이 낡은 경우 주택을 헐고 다시 짓는 것을 고려하게 됩니다. 재개발이나 재건축을 할지 고려하는 것입니다.

재개발이나 재건축은 비슷하지만 다릅니다. 재건축은 노후화 된 주택에 대해 정비하는 것이고, 재개발은 노후 된 주택뿐만 아니라 낙후된 주거환경까지 정비하는 것입니다.

주택 소유자들은 정비사업조합을 만들어 조합에 주택을 신탁을 합니다. 조합은 시공사를 선정하고 조합원은 이주를 합니다. 기존 건축물을 철거하여 착공을 하고 공사가 종료되면 준공검사 받습니다. 조합원은 새로 지어진 주택에 전입을 하고 조합은 해산을 합니다.

1) 재개발 · 재건축 추진절차

① 기본계획 수립
② 안전진단(재건축만 해당)
③ 정비구역 지정
④ 조합설립추진위원회 구성 및 승인
⑤ 조합설립인가
⑥ 사업시행인가
⑦ 분양신청 및 감정평가
⑧ 관리처분 계획인가
⑨ 철거 및 착공
⑩ 공사완료 및 준공인가
⑪ 이전고시 및 청산

2) 청산금을 수취 또는 지급하는 경우

재개발이나 재건축을 진행하면 조합원은 청산금을 수취하거나 지급합니다. 청산금 대신 다른 표현을 더 많이 사용합니다. 현금환급을 받는다, 추가부담금(또는 추가분담금)을 납부했다 등.

이는 조합원의 권리가액과 조합원이 분양받는 신축아파트의 분양가액에 따라 결정됩니다. 조합원의 권리가액은 종전 부동산의 감정평가금액에 비례율을 곱하여 계산됩니다.

조합원의 권리가액 = 종전 부동산의 감정평가금액 × 비례율

① 청산금 수령

　조합원의 권리가액 > 신축부동산의 분양가액

② 청산금 납부

　조합원의 권리가액 < 신축부동산의 분양가액

3) 청산금을 수령한 것은 양도소득세 과세대상이다

청산금을 사업시행자로부터 교부 받은 경우에는 종전 부동산이 수령한 청산금만큼 분할되어 유상으로 이전되는 것입니다. 종전 부동산의 일부를 양도한 것으로 양도소득세 신고납부를 해야 합니다.

청산금을 수령한 자가 원조합원인지 승계조합원인지 관계없이 원조합원이 양도소득세 신고납부를 해야 합니다. 입주권 양도가 아닌 종전 부동산의 일부를 양도한 것이기 때문입니다.

3) 재개발 또는 재건축 된 주택을 양도

(1) 청산금을 지급받은 주택을 양도

청산금을 수령한 후 준공된 주택을 양도하는 경우 원조합원이 양도하는 경우와 승계조합원이 양도하는 경우 양도소득세 계산이 다릅니다.

① 원조합원이 양도하는 경우

종전 부동산에서 수령한 청산금 비율에 해당하는 금액을 차감해야 합니다. 취득가액에 해당하는 종전 부동산에 일부가 양도되어 이미 청산금을 수령했기 때문입니다.

② 승계조합원이 양도하는 경우

원조합원으로부터 취득한 입주권에 준공이 되면서 취득부대비용으로 지출한 내역과 해당 주택을 양도하면서 지출한 비용이 필요경비에 해당합니다. 장기보유특별공제는 입주권 취득일이 아니라 준공된 이후부터 기산합니다.

(2) 청산금을 납부한 주택을 양도

원조합원이 납부한 청산금(또는 추가부담금, 추가분담금)은 해당 주택을 양도할 때 필요경비에 산입합니다.

양도차익은 양도가액에서 종전 부동산 취득가액, 청산금 납부금, 기타 필요경비를 차감해서 계산합니다.

그런데 원조합원이 재개발 또는 재건축 된 주택을 양도하는 경우 관리처분계획 인가일을 기준으로 양도차익을 구분해야 합니다. 장기보유특별공제 기산일이 다르기 때문입니다.

양도차익은 종전 부동산에서 발생하는 양도차익과 청산금 납부금에서 발생하는 양도차익으로 구분할 수 있습니다. 종전 부동산의 장기보유특별공제 기간은 취득일부터 양도일까지 기간이고, 청산금 납부금은 관리처분계획 인가일부터 양도일까지입니다.

38.

상생임대주택의 양도소득세 특례

상생임대주택이란 문자 그대로 임대인과 임차인이 서로 상생(相生)할 수 있는 임대주택을 의미합니다. 즉, 임대인은 직전 임대차계약 대비 임대보증금 및 임대료(이하 「임대료 등」)를 5% 이내로 증액함으로써 다양한 양도소득세 세제혜택을 적용받을 수 있고, 임차인은 임대기간이 종료되더라도 임대료 등을 크게 부담하지 않고 주거안정을 보장받을 수 있는 임대인과 임차인이 「Win-Win」할 수 있는 제도입니다.

상생임대주택에 해당하기 위해서는 반드시 지방자치단체 및 세무서에 임대주택으로 등록해야 하는 것은 아니고 세법에서 규정한 요건을 충족하면 그 어떤 주택도 상생임대주택이 될 수 있습니다.

1) 상생임대주택 특례

상생임대주택 요건을 충족하면 아래의 특례를 적용받을 수 있습니다.

① 1세대 1주택 비과세 판정 시 거주기간 인정
② 거주주택 비과세 특례
③ [표2]의 장기보유특별공제율 적용

이 특례는 양도소득세 절세에서 매우 중요한 절세방법인데, 거주요건을 충족해야 합니다.

① 조정대상지역에 소재하는 주택을 취득하여 1세대 1주택 양도소득세 비과세를 적용받으려는 경우 2년 이상 거주를 해야 합니다.
② 2주택 이상은 보유한 거주자가 1주택에 거주하고 그 외 주택은 등록임대를 하는 경우로, 거주하고 있는 주택에 대해 거주주택 비과세 특례를 받으려는 경우 2년 이상 거주를 해야 합니다.
③ 1세대 주택으로 양도소득세 비과세를 적용받는 경우와 거주주택 비과세 특례를 적용받는 경우 장기보유특별공제 중 보유기간에 따른 공제률 최대 40%을 적용받기 위해서는 2년 이상 거주를 해야 합니다.

2) 상생임대주택 요건

상생임대주택의 요건은 아래 표와 같습니다.

구분	내용
직전 계약	1세개 1주택자가 주택을 취득한 후 임차인과 임대차계약을 체결할 것
증액 요건	임대료, 임대보증금의 증가율이 직전 계약 대비 5%을 초과하지 않는 임대차계약을 체결할 것

상생 계약	2021년 12월 20일~2026년 12월 31일 기간에 상생임대차계약을 체결하고 임대를 개시할 것
임대 기간	직전 임대차계약에 따른 임대 기간이 1년 6개월 이상이고, 상생임대차계약에 따른 임대 기간이 2년 이상일 것

3) 임대차계약이 묵식적으로 갱신된 경우

임대차계약이 만기가 되어 기존 임대인과 임차인이 계약을 갱신하면서 임대차계약서를 새로 작성하지 않는 경우가 많습니다. 묵시적으로 계약이 갱신된 것입니다.

묵시적 갱신으로 상생임대차계약의 임대차계약서를 양도소득세 신고 기한까지 제출하지 못한 경우에도, 1세대가 임차인과 직전 임대차계약과 상생임대차계약을 체결하고 요건을 충족한 것이 확인되는 경우 상생임대주택 특례를 적용받을 수 있습니다.

PART 04

입주권 · 분양권의 양도소득세

입주권과 분양권은 매우 중요한 재테크 대상으로 어느 지역에 재개발·재건축이 추진될 소문이 돌면 많은 이들이 투자하기 위해 몰려듭니다. 아파트 분양 소식이 전해지면 분양신청을 위해 많은 이들이 대기하는 것은 흔한 풍경입니다.

지금은 최근 몇 년 동안 공사비가 올라 재개발·재건축의 사업성이 낮아 정비사업 추진이 지체되거나 취소되는 상황이 많아지고 있고, 아파트 분양도 서울 외의 지역은 미분양이 속출하여 사회적 문제가 되고 있는 상황입니다.

그럼에도 입주권과 분양권은 주택에 버금가는 중요한 재테크 자산입니다.

이번 파트는 주택에 못지않게 중요한 입주권과 분양권 양도에 관한 내용을 설명하고자 합니다.

39.

조합원입주권과 (아파트)분양권

조합원입주권과 (아파트) 분양권은 둘 다 주택을 취득할 수 있는 권리입니다. 일반적으로 둘을 구분하지 않고 혼용하여 사용하고 있습니다.

1) 조합원입주권

조합원입주권은 관련 법률에 따른 사업시행계획인가로 입주자로서 선정된 지위를 말합니다. 기존 노후주택에 거주하고 있던 조합원에게 부여되는 새주택에 입주할 수 있는 권리로 말할 수 있습니다.

조합원입주권은 원조합원입주권과 승계조합원입주권으로 구분할 수 있습니다.

원조합원은 기존 주택의 건물이 철거되어 없지만, 토지를 보유하고 있습니다. 주택 중에 건물 부분만 철거되고 토지는 그대로 있는 상태입니다. 새주택이 준공되기 전까지 토지분 재산세가 과세되고, 새아파트가 준공되면 건물분 취득세가 과세됩니다.

　승계조합원은 입주권을 원조합원으로부터 취득할 때 토지를 같이 취득하는 것이라, 토지에 대한 취득세를 과세합니다. 새아파트가 준공되면 건물분 취득세가 과세됩니다.

2) (아파트) 분양권

　분양권은 관련 법률에 따른 주택에 대한 공급계약을 통해 선정된 지위를 말합니다. 청약에 당첨되면 주택을 공급받을 수 있는 권리로 즉, 신축 아파트에 입주할 수 있는 권리를 얻게 됩니다.

　분양권을 취득한 시점은 권리만 보유한 것으로 취득세가 과세되지 않습니다. 준공이 되고 잔금을 납부했을 때 아파트를 취득합니다. 잔금을 납부할 때 취득세를 과세합니다.

3) 입주권과 분양권의 차이

　입주권과 분양권의 차이를 표로 구분하면 아래와 같습니다.

구분	(원)조합원입주권	(아파트) 분양권
권리 대상자	재개발·재건축 사업으로 집을 잃은 조합원	조합원이 아닌 일반 수요자
가격	일반 분양자보다 저렴할 수 있음	일반 분양가와 비슷한 수준
취득세	취득시점에 토지분에 대해 취득세, 완공시점에 건물분에 대해 취득세	취득 당시 주택 수에 따라 취득세
재산세 종합부동산세	관리처분계획 인가일부터 완공일까지 과세대상	청약 당첨일로부터 잔금지급일까지 과세대상 아님
장기보유 특별공제	종전 주택 취득일부터 관리처분 인가일까지 3년 이상 보유한 경우 적용	불가능

40.

조합원입주권 양도

주택 양도소득세에서 주택과 함께 중요한 것이 입주권입니다. 입주권이란 재개발이나 재건축 등 기존 주택이 철거된 후에 새 아파트에 입주할 수 있는 권리를 말합니다.

입주권은 양도소득세 과세대상 자산에 해당합니다. 입주권은 주택과 분양권의 특성을 갖고 있는 것이 입주권이 특징입니다.

1) 입주권은 건물 소유주가 갖게 되는 권리이다

재개발·재건축 조합원으로서 해당 지역의 주택을 소유하고 있을 때 얻을 수 있는 권리입니다. 해당 지역의 주택 소유주가 조합원으로서의 자격이 있을 때, 관리처분계획 인가를 받게 되면 해당 주택은 입주권으로 전환이 됩니다.

관리처분계획 인가로 주택이 입주권으로 전환이 됩니다. 종전 주택을 처분하고 신규 주택을 취득하는 것이 아닙니다. 종전 주택이 입주권으로 입체 환지가 되는 것입니다.

2) 입주권은 부동산이 아닌 권리이다

양도소득세에서 입주권은 주택과 비슷한 취급을 하지만, 입주권 자체는 부동산이 아닌 권리입니다. 양도소득세에서는 주택으로 취급하고, 주택 수에 포함을 하여 주택과 거의 동일하게 여기지만, 입주권 자체는 주택이 아닌 권리입니다.

3) 입주권은 양도소득세 과세대상이고, 주택 수에 포함한다

입주권은 양도소득세 과세대상이고, 주택 수에 포함합니다. 양도소득세에서 입주권은 주택 수에 포함하기에 다른 주택을 보유하고 있거나 취득할 예정인 경우 계획을 잘 세워야 합니다.

4) 원조합원은 입주권 양도 시 비과세와 장기보유특별공제를 받을 수 있다

조합원은 원조합원과 승계조합원으로 구분합니다. 원조합원은 재개발·재건축 조합원으로서 해당 지역 주택 소유자가 관리처분계획 인가로 주택이 입주권으로 전환된 입주권 소유자가 원조합원입니다.

1세대 1주택자의 요건을 충족하면서 해당 주택이 입주권으로 전환된 경우 해당 입주권을 양도하면 1세대 1주택 양도소득세 비과세 적용이 가능합니다.

또한, 원조합원이 해당 입주권을 양도하는 경우 당초 주택을 취득한 날부터 관리처분계획 인가일까지의 기간에 대해 장기보유특별공제를 적용받을 수 있습니다.

5) 승계조합원이 해당 입주권을 양도하면 중과세될 수 있다

원조합원으로부터 입주권을 취득하면 승계조합원이 됩니다. 승계조합원이 해당 입주권을 양도하면 보유기간에 따라 아래와 같이 세율이 적용합니다.

① 1년 미만: 70%
② 1년 이상 2년 미만: 60%
③ 2년 이상: 기본세율

승계조합원이 해당 입주권을 취득한지 2년이 안 돼서 양도하면 중과세율이 적용됩니다.

무주택자인 승계조합원이 해당 입주권을 2년 이상 보유해도 입주권에 대해 양도소득세 비과세를 적용하지 않습니다. 또한, 승계조합원이 해당 입주권을 3년 이상 보유해도 장기보유특별공제도 적용하지 않습니다.

41

아파트 분양권 양도

아파트 분양권은 부동산이 아니고 아파트를 취득할 수 있는 권리입니다. 부동산이 아닌 동산에 해당합니다. 주택과 분양권을 소유하는 경우에는 1주택자에 해당합니다.

그런데 세법에서는 주택 투기를 억제하기 위한 정책으로 아파트 분양권을 주택 수에 포함하고 있습니다. 그래서 1주택과 아파트 분양권을 보유하고 있는 세대가 주택이나 아파트 분양권을 양도하는 경우 세법상 2주택자로 양도소득세를 과세합니다.

1) 아파트 분양권 양도

분양권을 전매하면 보유기간에 따라 세율이 다르게 적용됩니다. 보유기간이 1년 미만이면 70%, 1년 이상이면 60% 세율을 적용합니다.

이는 아파트 분양권뿐만 아니라 상가 같은 비주거용 분양권도 세율을 동일하게 적용합니다.

분양권 양도에 세율을 중과세하는 이유는 분양권 전매로 인한 투기를 억제하기 위함입니다.

2) 아파트 분양권을 부담부증여 하는 경우
아파트 청약에 당첨되면 계약금을 납부하고 중도금은 분납을 하는데, 시행사와 계약되어 있는 금융기관의 대출을 통해 대납을 합니다.

분양권 전매를 금지하는 기간이 풀려 가족에게 증여를 하는 것은 부담부증여에 해당합니다. 중도금을 대출로 납부하기 때문에 해당 분양권을 증여받으려면 수증자는 중도금 대출을 인수해야 합니다. 분양권 전매가 가능한 때는 분양권 프리미엄이 형성되어 있어서 해당 프리미엄이 증여자의 양도소득이 됩니다.

아파트 분양권마다 프리미엄이 있는 것이 아닙니다. 프리미엄이 없는 분양권도 있고, 프리미엄이 (-)인 곳도 있으니 분양권 증여 시 주의해야 합니다.

42.

1주택자가 조합원입주권을 취득하고 종전 주택 양도에 따른 비과세 적용 시 유의사항은?

주택 양도소득세 절세에서 중요한 것이 1세대 1주택자로 비과세를 적용받는 것이고, 일시적 2주택에 따른 양도소득세 비과세를 적용받는 것입니다.

일시적 2주택 비과세는 비과세 요건을 충족하는 1주택자가 신규 주택을 취득하고 종전 주택을 양도하면서 비과세를 받는 것입니다.

위와 비슷한 것이 비과세 요건을 충족하는 1세대 주택자가 조합원입주권을 취득하면서 종전 주택을 양도한 경우 양도소득세 비과세를 적용받는 것입니다.

이는 두 상황으로 구분할 수 있습니다. 첫 번째 상황은 조합원입주권을 취득하고 3년 이내에 종전주택을 양도하는 것입니다. 두 번째 상황은 조합원입주권을 취득한 후 준공이 되어, 신축주택으로 세대가 이사하고 종전주택을 양도하는 것입니다.

양도소득세 비과세를 받기 위해서는 요건을 충족해야 하는 것이 중요합니다. 그러기 위해 요건에 어떤 것이 있는지 알아야 합니다.

1) 조합원입주권을 취득하고 3년 이내에 종전주택을 양도

① 1세대가 1주택을 보유
② 종전주택 취득이로부터 1년 이상 지난 후 조합원입주권을 취득
③ 조합원입주권 취득일로부터 3년 이내
④ 종전주택 양도

2) 조합원입주권을 취득한 후 준공이 되어, 신축주택으로 세대가 이사하고 종전주택을 양도

① 1세대가 1주택을 보유
② 종전주택 취득이로부터 1년 이상 지난 후 조합원입주권을 취득
③ 조합원입주권 취득일로부터 3년이 지나 준공이 됨
④ 신축주택으로 3년 이내 세대가 이사하여 1년 이상 거주
⑤ 종전주택 양도

3) 주의할 점

위 규정은 1주택과 1입주권을 보유한 상태에서 종전주택을 양도하면서 비과세를 받는 것입니다. 양도소득세 비과세를 받기 위해서는 요건을 충족하는 것이 중요합니다.

공통되는 요건은 종전주택에 대한 요건입니다.

① 종전주택을 취득한 지 1년 이상 지난 후 조합원입주권을 취득해야 합니다.
② 종전주택을 양도할 때 비과세 요건을 충족해야 합니다.

요건이 다른 점은 조합원입주권을 취득한 후 3년 이내 종전주택을 양도하느냐 조합원입주권이 준공되어 신축주택에 3년 이내에 이사하면서 종전주택을 양도하느냐입니다. 여기서 공통되는 것은 3년 이내라는 기간입니다.

위 1주택 1입주권 비과세 규정은 조합원입주권을 승계취득한 경우만 해당합니다. 2주택자가 보유하고 있는 주택 중에 관리처분계획인가로 주택이 입주권으로 전환된 것은 1주택 1입주권 비과세 특례 대상에 해당하지 않습니다.

43.

무주택자인 조합원입주권 소유자가 대체주택을 취득하고 준공이 되어 대체취득한 주택을 양도하여 비과세를 받으려면?

조합원입주권을 보유한 무주택 세대는 거주할 곳이 필요합니다. 주택을 취득하여 거주하거나 주택을 임차하여 거주해야 합니다.

거주할 곳이 필요하여 (대체)주택을 취득하고 세대가 이사했습니다. 조합원입주권에 기해 준공이 되어 신축주택으로 세대가 이사를 완료하고 대체주택을 양도했습니다. 양도소득세 비과세를 받을 수 있을까요?

1) 원조합원이 소유하는 조합원입주권

입주권 취득은 두 가지로 구분할 수 있습니다. 원조합원이 소유하는 조합원입주권과 승계조합원이 소유하는 조합원입주권으로 구분할 수 있습니다.

해당 비과세 규정은 원조합원이 소유하는 조합원입주권이어야 합니다. 승계조합원은 해당하지 않습니다.

주택 소유자가 관리처분계획 인가로 주택이 조합원입주권으로 전환되면서 원조합원이 됩니다.

2) 대체주택을 취득하고 1년 이상 거주

1주택을 소유한 세대가 재개발·재건축으로 공사기간 동안 거주할 곳이 필요하여 대체주택을 취득한 경우입니다. 사업시행인가 후에 대체주택을 취득하고, 그 주택에서 1년 이상 거주해야 합니다.

3) 준공이 되어 신축주택에 입주 후 3년 이내 대체주택 양도

조합원입주권에 기해 준공이 되어 세대가 입주했습니다. 신축주택 준공 후 3년 이내 대체주택을 양도해야 합니다.

44.

1주택과 1조합원입주권을 보유 중일 때 일시적 양도소득세 비과세 특례 판단 시 조심해야 한다

주택 양도소득세의 최고의 절세는 비과세 특례를 받는 것입니다. 원조합원입주권도 비과세 요건을 충족하면 양도소득세 비과세 적용으로 절세를 할 수 있습니다.

원조합원입주권만 보유 중이면 양도소득세 비과세 판단이 어렵지 않습니다. 그러나 조합원입주권과 주택을 보유 중인 경우 양도소득세 비과세 판단에는 매우 신중해야 합니다.

1세대가 1주택을 보유 하고 있는 상황에서 조합원입주권을 취득했습니다. 1주택과 1입주권을 보유하게 됩니다. 취득한 그 입주권에 기해 신축 주택이 준공된 후 종전 주택을 양도하는 경우가 있습니다.

그리고 2주택자가 보유중인 주택 중에 1채가 재건축이 되어 신축 주택을 취득했습니다. 이때 다른 주택을 양도하는 경우가 있습니다.

1) 1주택자(A)가 조합원입주권(B)을 취득한 후 B주택이 완성된 경우

세대가 1주택(A)을 보유하고 있습니다. 5년이 지나서 조합원입주권(B)을 취득했습니다. 조합원입주권에 기해 B주택이 완공되었습니다. 이 경우 주택(A)을 양도하면 양도소득세 비과세를 받을 수 있을까요?

주택(A)의 양도소득세 비과세를 받기 위해서는 아래의 요건을 충족해야 합니다.

① 1주택자가 종전주택을 취득한 날로부터 1년 이상 지난 후 조합원입주권을 취득
② 신축주택 완성 후 3년 이내에 세대 전원이 이사하여 1년 이상 거주
③ 신축주택 완성 후 3년 이내 종전주택 양도
④ 종전주택은 양도 시점 기준으로 2년 이상 보유(취득 당시 조정대상지역인 경우 2년 이상 거주 필수)

2) 1주택자(A)가 조합원입주권(B)을 취득한 후 B주택이 완성된 경우

세대가 1주택(A)을 보유하고 있습니다. 5년이 지나서 주택(B)을 취득했습니다. 주택(B)가 재건축이 되어 관리처분계획인가를 받아 조합원입주권을 받았습니다. 조합원입주권에 기해 B신축주택이 완공되었습니다. 이 경우 주택(A)을 양도하면 양도소득세 비과세를 받을 수 있을까요?

이 경우에는 양도소득세 비과세를 받을 수 없습니다. 1주택자 상태에서 주택을 신규로 취득한 것이 아닙니다.

45.

지역주택조합에 현물출자 및 입주권을 양도하는 경우

재개발·재건축과 비슷한 것이 있습니다. 지역주택조합입니다. 지역주택조합은 크지 않은 규모로 주택을 신축하기 위해 조합원들이 모여 조합을 설립한 것입니다.

지역주택조합이 양도소득세와 관련한 것은 조합을 설립할 때 보유 중인 부동산을 현물출자 하는 경우와 지역주택조합원 권리를 양도하는 경우 양도소득세와 관련이 있습니다.

1) 지역주택사업이란

지역주택사업은 주택법에 준거하여 소형주택 소유자(전용면적 85㎡ 이하) 또는 무주택 서민의 내 집 마련과 주택공급의 촉진을 위해 일정한 자격을 가진 조합원에게 청약저축 가입여부와 관계없이 주택(85㎡이하)을 공급하는 사업입니다.

즉, 동일한 지역의 무주택자 등이 공동으로 사업부지를 취득하여 주택을 신축하여 하나씩 조합원들이 나누어 갖는 사업입니다.

2) 지역주택조합원의 종류

지역주택조합원에는 지구단위계획구역 내의 토지, 건물을 소유하고 있는 원주민(지주)조합원과 모집조합원으로 구분할 수 있습니다.

(1) 원주민(지주)조합원

원주민조합원은 지구단위계획 구역 내의 토지 등을 매입하여 보유 또는 거주하다가 조합(또는 업무대행사)과의 협의를 통해 동의절차를 거쳐 토지 등의 소유권을 조합명의로 이전해 주고, 대신 조합으로부터 조합원 입주권을 받아 조합원 자격을 취득하는 조합원을 말합니다.

(2) 모집조합원

모집조합원은 총예상분양세대수에서 원주민조합원의 분양세대수를 차감 후 잔존 주택 조합원으로 추가 모집된 조합원을 말합니다.

3) 지역주택조합에 부동산을 현물출자

지역주택조합에 조합원으로 참여하려면 출자를 해야 합니다. 금전으로 출자하거나 비금전재산으로 현물출자를 합니다. 비금전재산으로 부동산을 조합에 소유권을 이전합니다.

부동산의 현물출자는 양도에 해당합니다. 주택을 조합에 현물출자하는 경우 주택 양도로 조합원에게 양도소득세가 과세됩니다.

4) 지역주택조합원 권리의 양도 시 양도소득세율은?

지역주택조합원입주권은 사업계획승인일 이후 취득하게 됩니다. 이 입주권을 양도하는 경우 분양권 양도로 양도소득세를 과세합니다.

분양권의 양도소득세율은 60%~70%입니다. 지방소득세율은 6%~7% 입니다.

PART 05

토지 양도소득세

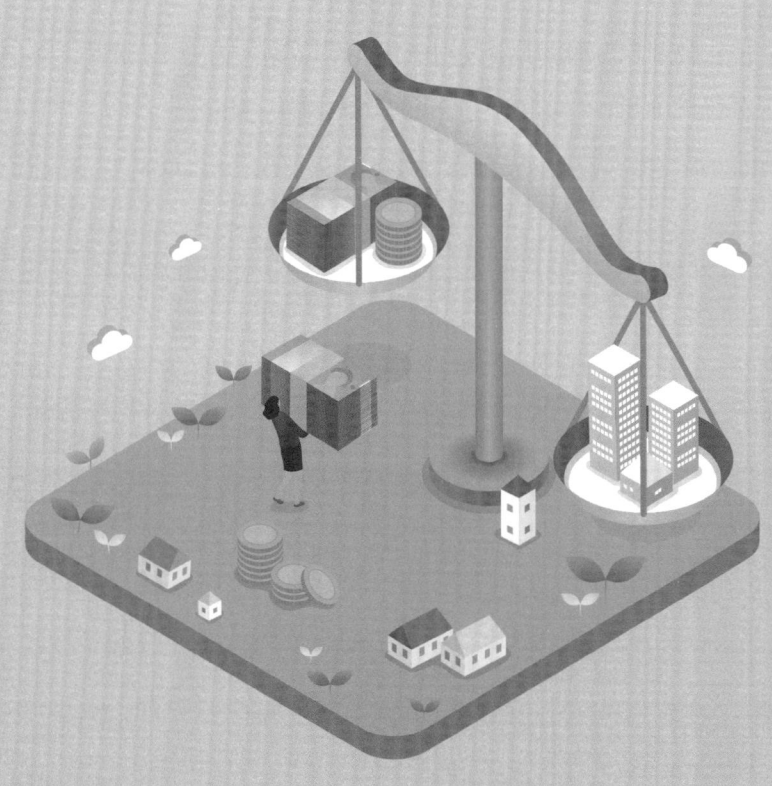

한국은 국토가 협소한 국가입니다. 국토의 70%가 산으로 30%의 국토를 주택, 빌딩, 공상, 도로, 농지 등으로 이용하고 있습니다.

정부는 협소한 국토를 효율적으로 사용되기를 원합니다. 그래서 토지를 지목에 맞지 않게 사용하거나 방치하는 경우 해당 토지 양도에 대해 중과세율을 적용합니다.

토지 양도소득세는 농지 양도소득세와 그 외의 토지양도소득세로 구분할 수 있습니다. 농업인이 농지를 양도하는 데 일정 요건을 충족하는 경우 양도소득세 혜택을 받을 수 있습니다.

투자 목적으로 보유 중인 토지나 농사짓고 있는 농지가 수용되는 경우 보상을 받게 되는데, 걱정인 것이 양도소득세입니다.

이 파트에서는 토지 양도와 관련된 규정, 비사업용 토지 양도의 중과세율, 토지 양도소득세 감면 등에 대한 설명을 담고 있습니다.

46.

토지 양도와 중과세율 제도

　대한민국은 국토가 협소한 국가입니다. 국토의 70%가 산지여서, 사용할 수 있는 토지가 부족한 것이 현실입니다. 국가는 토지를 효율적으로 사용되기를 원합니다.

　토지를 사용 목적(지목)에 따라 전, 답, 과수원, 대지 등 28가지로 구분합니다. 토지는 지목에 맞게 사용해야 합니다.

　토지를 나지 상태로 방치되는 경우, 농지를 보유하고 있는데 소유자가 농사를 짓지 않는 경우 등 해당 지목에 본래의 용도로 사용을 하지 않는 것을 세법에서는 비사업용이라고 합니다. 지목에 맞게 사용하는 것을 사업용이라 하고, 그렇지 않은 것을 비사업용으로 구분합니다.

　세법은 비사업용 토지로 양도하는 경우 양도소득세를 중과세 합니다. 비사업용 토지에 해당하는지는 해당 토지의 지목별로 사용기준, 기간기준, 지역기준, 면적기준 등을 검토하여 판단합니다.

1) 지목별 판단

세법은 토지를 6가지로 분류합니다. 농지, 임야, 목장용지, 주택부속토지, 별장부속토지, 기타토지로 6가지 지목으로 구분합니다.

(1) 농지를 양도하는 경우

농지는 농지의 소유자가 재촌(농지 인근 거주)·자경(직접 경작)를 해야 합니다.

다만, 농지의 비사업용토지 판단 시 농지소유자가 재촌·자경하지 않더라도 한국농어촌공사가 8년 이상 수탁한 농지는 비사업용 토지 판단 시 재촌·자경한 것으로 본다.

(2) 임야

임야는 농지와 달리 자경요건이 없습니다. 임야 소유자가 재촌하기만 하면 지목에 맞게 사용되었다고 판단합니다.

(3) 목장용지

목장용지는 소유자가 직접 축산업을 영위하여야 합니다.

(4) 주택부속토지

주택의 부속토지로 사용되었는지를 확인합니다.

(5) 별장부속토지

별장의 부속토지로 사용되었는지를 확인합니다.

(6) 기타토지

건물의 부속토지로 사용되었거나 사업상 목적으로 사용되었는지를 확인합니다.

2) 지역기준

토지 중에서 농지와 목장용지는 도시지역 내 녹지지역과 도시지역 외에 소재하고 있어야 지역기준 요건을 충족한 것으로 봅니다.

3) 면적기준

토지의 지목별 면적기준은 목장용지의 경우 가축별 축산업 기준 면적 이내에 해당하는 부분만 면적 기준을 충족한 것으로 보고 초과된 부분은 비사업용토지로 본다. 주택부속토지의 경우 주택정착면적의 3배(수도권 내 도시지역 中 주거·상업·공업지역), 5배(수도권 내 도시지역 中 녹지지역과 수도권외 도시지역), 10배(도시지역 외) 이내인 경우 면적 기준을 충족한 것으로 본다.

기타토지는 용도지역별로 적용되는 면적 이내인 경우 면적기준을 충족한 것으로 본다.

4) 기간기준

사업용토지의 기간기준 충족여부를 판단하는 방법은 양도일 기준으로 사용기준을 모두 충족한 기간이 3년 중 2년 이상 또는 5년 중 3년 이상이거나 전체 보유기간 중 60% 이상 사용기준을 모두 충족하였다면 사업용토지로 판정합니다.

5) 비사업용 토지 세율

구분		보유기간	세율	비고
비사업용 토지	지정지역 (2018.1.1. 이후)	1년 미만	50%	中 세액 큰 것
			비사업용토지세율+10%p	
		2년 미만	40%	中 세액 큰 것
			비사업용토지세율+10%p	
		2년 이상	비사업용토지세율+10%p	(경합 없음)
	일반지역	1년 미만	50%	中 세액 큰 것
			비사업용토지세율	
		2년 미만	40%	中 세액 큰 것
			비사업용토지세율	
		2년 이상	비사업용토지세율	(경합 없음)

6) 지정지역이란?

지정지역(투기지역)이란?

"지정지역"이란 국토교통부장관이 전국의 부동산가격동향 및 해당 지역특성 등을 고려하여 해당 지역의 부동산 가격 상승이 지속될 가능성이 있거나 다른 지역으로 확산될 우려가 있다고 판단되어 기획재정부장관이 제168조의4에 따른 부동산가격안정심의위원회의 심의를 거쳐 지정하는 지역을 말합니다.

현재(2023.01.05. 기준)지정지역은 서울특별시의 용산구·서초구·강남구·송파구입니다.

47.

토지를 양도할 때 중과세를 안 하는 경우

보유하고 있는 토지를 양도할 때 양도소득세 중과세 여부는 매우 중요합니다. 양도하는 해당 토지가 비사업용 토지에 해당하는 경우 기본세율에 10%p 가산하여 양도소득세를 납부하여야 하므로, 양도차익 수익률에 큰 영향을 미칩니다.

비사업용 토지에서 제외되는 경우가 있을까요? 아래의 경우 해당 토지를 양도할 때 비사업용 토지 양도에 따른 중과세를 하지 않습니다.

1) 재산세가 분리과세 또는 별도합산과세되는 토지

토지는 재산세 과세대상 자산에 해당합니다. 해당 토지 소재지의 지방자치단체에서 매년 재산세를 부과합니다.

토지분 재산세는 분리과세, 별도합산과세, 종합합산과세로 구분합니다.

나대지, 잡종지 등 재산세 종합합산 과세대상 토지는 비사업용 토지에 해당합니다. 반면에 재산세가 비과세되거나 면제되는 토지, 재산세 별도합산과세대상 또는 분리과세대상이 되는 토지는 사업용 토지에 해당합니다.

2) 주차장법에 따른 부설주차장 및 주차장운영업용 토지

① 「주차장법」에 따른 부설주차장(주택의 부설주차장은 제외)으로서 부설주차장 설치기준면적 이내의 토지
② 주차장운영업을 영위하는 자가 소유하고, 「주차장법」에 따른 노외주차장으로 사용하는 토지로서 토지의 가액(기준시가)에 대한 1년간의 수입금액의 비율이 100분의 3 이상인 토지

3) 하치장용 등의 토지

물품의 보관·관리를 위하여 별도로 설치·사용되는 하치장·야적장·적치장 등으로서 매년 물품의 보관·관리에 사용된 최대면적의 100분의 120 이내의 토지.

4) 무주택자가 소유하고 있는 주택 신축용 토지

주택을 소유하지 아니하는 1세대가 소유하는 1필지의 나대지로서 법령의 규정에 따라 주택의 신축이 금지 또는 제한되는 지역에 소재하지 아니하고, 그 지목이 대지이거나 실질적으로 주택을 신축할 수 있는 토지로서 660㎡ 이내에 한합니다.

5) 토지 중 비사업용에 해당하지 아니하는 경우

① 토지를 취득한 후 법령에 따라 사용이 금지 또는 제한된 토지
② 직계존속 또는 배우자가 8년 이상 토지소재지에 거주하면서 직접 경작한 농지·임야 및 목장용지로서 직계존속 또는 배우자로부터 상속·증여받은 토지

다만, 양도 당시 도시지역(녹지지역 및 개발제한구역은 제외) 안의 토지는 제외합니다.

6) 상속에 의하여 취득한 농지·임야·목장용지로서 그 상속개시일부터 5년 이내에 양도하는 토지

농지, 임야, 목장용지을 상속으로 취득했습니다. 해당 토지를 양도하는 경우 상속개시일로부터 5년 이내에 양도한다면 비사업용 토지에서 제외합니다.

부모에게 상속 받은 농지를 보유할 생각이 없고, 직접 농사도 짓지 않는다면 상속받은 날로부터 5년 이내 양도하여 양도소득세를 절세하는 것이 유리할 수 있습니다.

7) 1세대당 1,000㎡ 이상인 주말·체험 영농소유농지

2022년 1월 1일 이후 양도분부터 주말·체험농지를 양도하는 경우 사업용에서 제외합니다.

48.

상속받은 나대지를 양도하면 양도소득세가 중과세 될까?

나대지는 세법에서 사업용 토지로 인정하지 않습니다. 보유하고 있는 나대지를 양도하면 비사업용 토지로 양도소득세를 중과세합니다.

※ 나지와 나대지는 토지에 건물이 없는 상태지만, 나지는 토지에 건물이 없는 상태이고, 나대지는 지목이 대인 토지에 건물이 없는 상태입니다. 나대지는 나지의 한 종류입니다.

피상속인의 사망으로 상속이 개시되면 상속인이 피상속인의 재산을 상속받습니다. 상속은 피상속인의 사망에 따른 우연히 발생하는 것으로 상속인의 의지와는 무관합니다. 상속재산 중에 나대지가 있고, 이 나대지를 양도하면 비사업용 토지여서 중과세율을 적용해야 될까요?

1) 상속받은 나대지를 상속개시일로부터 5년 이내에 양도하는 경우

상속받은 나대지를 상속개시일로부터 5년 이내에 양도하면 농지처럼

사업용으로 의제를 받을 수 있을까요?

세법 규정에는 상속받은 나대지 양도에 대해 사업용으로 의제하는 규정이 없습니다.

2) 상속받은 나대지에 대해 사업용으로 인정을 받으려면?

상속받은 나대지에 대해 사업용으로 인정을 받기 위해서는 건물을 지어야 합니다. 그리고 기간기준도 충족해야 합니다.

또 다른 방법으로 주택을 소유하지 아니하는 1세대가 소유하는 1필지의 나지로서 그 지목이 대지이거나 실질적으로 주택을 신축할 수 있는 토지로서 면적이 660㎡ 이내인 토지에 대해 사업용으로 의제합니다.

3) 상속받은 나대지가 수용이 되면 사업용으로 인정을 받을 수 있을까?

토지가 수용이 될 때 사업인정고시일 2년 이전에 취득한 토지여야 양도소득세 혜택을 받을 수가 있습니다. 상속받은 토지인 경우 피상속인이 해당 토지를 취득한 날을 취득일로 봅니다.

상속받은 나대지가 수용이 되는 경우 피상속인의 취득일을 상속인의 취득일로 보아 사업인정고시일 2년 이전에 취득한 것인지 판단합니다.

49.

농업인이 농사짓는 농지를 양도하면 양도소득세 감면을 받을 수 있다

한국에는 농지에 대해 경자유전의 전통이 있습니다. 농사를 짓는 사람이 농지를 소유해야 한다는 의미입니다. 헌법에 "국가는 농지에 관하여 경자유전의 원칙이 달성될 수 있도록 노력하여야 하며, 농지의 소작제도는 금지된다."라고 규정하고 있습니다. 경자유전의 목적은 농업의 지속가능성과 농업민의 권리를 보호하기 위한 것으로 볼 수 있습니다.

세법에는 농업인을 보호하기 위한 규정이 있습니다. 대표적인 것이 비농업인이 농지를 양도하는 경우 양도소득세를 중과세 하는 규정이 있고, 농업인이 오랜 기간 농사를 지은 농지를 양도하는 경우 양도소득세를 감면해 주는 규정입니다.

후자의 규정이 '자경농지에 대한 양도소득세 감면'이라는 규정으로 농업인에게 관심이 많은 규정입니다.

세법의 혜택을 받기 위해서는 요건을 충족해야 합니다. 아래의 요건을 충족하는 농지를 양도하는 경우 양도소득세 감면을 받을 수 있습니다.

1) 농지요건

양도일 현재 농지여야 하는데, 지적공부상 농지가 아니어도 실제로 농지로 사용되는 토지(농막, 퇴비사, 수로 등을 포함)여야 합니다.

다만, 양도일 현재 특별시·광역시 또는 시에 있는 농지 중 주거지역·상업지역 및 공업지역 안에 있는 농지로서 이들 지역에 편입된 날부터 3년이 지난 농지(읍·면 지역 제외)는 감면대상 농지에 해당하지 않습니다.

2) 거주요건

농지가 소재하는 시·군·구 지역에 거주하여야 합니다. 해당 거주지는 농지로부터 직선거리 30㎞ 이내에 지역이어야 합니다.

3) 자경요건

농지 소유자가 해당 농지를 취득하여 양도하기까지 8년 이상 농사를 지어야 합니다. 해당 농지 소유자는 직접 경작을 해야 하는데 농작업에 상시 종사하거나 1/2 이상 자기 노동력으로 경작 또는 재배해야 합니다.

농지 소유자의 배우자가 같이 농사를 짓는 것은 자경기간에 포함하지 않습니다. 또한 총급여액 또는 사업소득금액이 연 3,700만 원 이상인 경우에는 경작기간에서 제외합니다.

4) 양도소득세 감면 혜택

자경농지 양도소득세 대해 양도소득세 100%을 감면합니다. 감면받은 양도소득세에 농어촌특별세를 비과세합니다.

양도소득세 감면 한도는 당해연도 1억 원을 한도로 하고, 5년간 합계액 2억 원을 한도로 합니다.

5) 재촌·자경 입증서류

농지 양도의 양도소득세 감면에서 자격을 입증하는 것이 중요합니다. 일반적으로 자경했다는 사실을 입증할 수 있는 서류는 아래와 같습니다.

① 주민등록초본
② 농지원부 원본과 자경증명의 확인
③ 농산물판매 및 출하내역서
④ 묘종·묘목 구입비용 영수증
⑤ 농기계구입비, 농약구입비용 및 비료 구매내역 영수증
⑥ 농협 등의 조합원인 경우 조합원증명원, 쌀직불금수령내역, 인우보증서 등

50.

토지가 수용되면 양도소득세 감면을 받을 수 있다

보통 수용이란 하면 고속도로나 철도를 만들기 위해 그 노선에 해당하는 토지와 건축물들이 수용되는 것을 떠올릴 것입니다.

수용은 공익을 위해 사유지를 강제로 매입하는 것입니다. 도로·철도의 건설뿐만 아니라 신도시 개발 및 산업단지 조성 등을 위해 수용을 합니다.

토지수용이 확정이 되어 진행 되면, 사업시행자는 토지 소유자에게 보상을 하는데, 보통 현금(또는 채권) 보상을 합니다. 상황에 따라 대체토지로 보상을 하는 경우도 있습니다.

수용이 되는 것은 토지 소유자에게 있어서 해당 토지를 강제로 양도하게 하는 것으로 즉, 원치 않는 양도를 하는 것입니다.

이에 대해 세법은 수용으로 인한 양도소득세를 감면하는 규정을 두고 있습니다.

1) 양도소득세 감면율

수용에 따른 양도소득세 감면율은 보상방법에 따라 다른데, 아래와 같습니다.

① 현금보상: 10% 감면
② 채권보상: 15% 감면
③ 채권보상(3년 만기보유 특약): 30% 감면
④ 채권보상(5년 만기보유 특약): 40% 감면

감면을 적용받기 위해서는 사업인정고시일 기준 2년 전에 취득한 토지여야 합니다.

2) 감면받은 양도소득세에 대해 농어촌특별세를 부담

토지수용에 따른 양도소득세를 감면받으면, 감면받은 양도소득세에 20%을 농어촌특별세로 부담해야 합니다.

3) 사업용 토지 인정 여부

토지 양도소득세와 관련해서 사업용으로 인정받는지에 따라 양도소득세 부담이 달라집니다.

사업인정고시일 기준 5년 이전에 취득한 토지는 비록 비사업용 토지라도 사업용 토지로 인정받을 수 있습니다. 즉, 양도소득세 중과세율이 적용되지 않습니다.

4) 취득시기별 감면 여부와 사업용 인정 여부

사업인정고시일 기준	양도소득세 감면 여부	사업용 토지 인정 여부
2년 이내	×	×
2년 이전 ~ 5년 이내	○	×
5년 이전	○	○

51.

농지대토에 대한 양도소득세 감면

농지 양도에 대한 양도소득세 특례 중에 농지대토에 대한 양도소득세 특례가 있습니다.

농지대토는 자경농민이 경작상의 필요에 의하여 농지를 양도하고 그에 상응하는 새로운 토지를 취득하는 것을 의미합니다.

세법은 일정 요건을 충족하는 농지대토에 대해서는 양도소득세를 감면하고 있습니다. 양도소득세 특례를 받기 위해서는 아래의 요건을 충족해야 합니다.

1) 특례요건
① 농지: 농지(전, 답, 과수원)로서 실제 농지로 경작에 사용되는 토지
② 농지 소재지 거주: 소유자는 해당 농지 인근에 거주
③ 면적기준: 새로 취득하는 농지 면적이 양도하는 농지 면적의 2/3 이상

④ 가액기준: 새로 취득하는 농지 가액이 양도하는 농지 가액의 1/2 이상
⑤ 자경: 농지 소유자가 직접 경작 또는 농작업의 2분의 1 이상을 자기의 노동력에 의하여 경작
⑥ 자경기간: 종전 농지는 4년 이상 자경한 농지여야 하고, 대토로 취득한 농지는 4년 이상 자경

2) 농지대토는 순서와 무관

농지대토는 종전 농지 양도 후 신규농지를 취득하는 것과 신규농지 취득 후 종전 농지를 양도하는 경우가 있는데, 모두 가능합니다.

3) 양도소득세 특례

농지대토에 대한 양도소득세 감면은 종전 농지의 양도소득세를 100%로 감면합니다. 감면 한도는 5개 과세기간 합하여 1억 원까지입니다.

4) 사후관리

세법은 감면받은 경우 사후관리를 합니다. 아래의 사후관리 요건을 위반하는 경우 감면받은 양도소득세와 이자상당액을 추징합니다.

① 종전의 농지 양도일부터 1년에 신규 농지를 취득하지 않는 경우
② 새로 취득한 농지가 면적기준 또는 가액기준을 충족하지 못한 경우
③ 농지를 취득한 이후 자경을 하지 않는 경우
④ 농지를 취득한 이후 자경한 기간이 종전 농지 경작기간을 합산하여 8년 미만인 경우

⑤ 농지를 취득한 이후 자경한 기간이 종전 농지 경작기간을 합산하여 8년이 경과하기 전에 사업소득, 근로소득, 부동산임대소득이 있는 경우

52.

대토보상의 양도소득세 특례

보유하고 있는 토지가 수용되는 경우 토지보상법에 따라 보상금을 지급받습니다. 일반적으로 현금보상을 합니다. 예외적으로 토지 소유자가 토지로 보상받기를 원할 경우, 토지로 보상받는 경우가 있는데, 이를 대토보상이라고 합니다.

토지 소유자가 금전으로 보상받는 경우 요건을 충족하면 양도소득세를 감면받을 수 있듯이, 대토로 보상받은 경우에도 요건을 충적하면 양도소득세 특례를 적용받을 수 있습니다.

1) 특례 요건
토지 소유자가 수용으로 양도하는 토지는 아래 요건을 충족해야 합니다.

① 공익사업의 시행으로 해당 사업지역에 대한 사업인정고시일부터 소급하여 2년 이전에 취득한 토지

② 사업인정고시일 전에 양도하는 경우에는 양도일로부터 소급하여 2년 이전에 취득한 토지

2) 양도소득세 특례

토지 소유자가 대토로 보상을 받은 경우 양도소득세 감면 특례와 양도소득세 과세이연 특례 중에 한 가지 특례를 선택하여 적용받을 수 있습니다.

① 양도소득세 40% 감면
토지 수용에 따른 양도소득세에 40%을 감면받을 수 있습니다. 감면한도는 1과세기간 동안 1억 원, 5과세기간 동안 2억 원까지입니다.

② 양도소득세 과세이연 특례
해당 토지를 사업시행자에게 양도하여 발생하는 양도차익에 대해 양도소득세를 과세하지 않고 이연합니다. 이후 해당 대토를 양도할 때 취득가액에서 양도소득세를 이연한 금액을 차감하여 양도소득세를 과세합니다.

토지보상은 주택용지의 경우 990㎡, 상업용지는 1,100㎡을 초과할 수 없습니다.

3) 사후관리

세법은 대토보상 양도소득세 감면 특례에 사후관리 규정을 두고 있습니다. 납세자가 사후관리 규정을 위반하면 감면받은 세액과 이자상당액을 가산하여 해당 사유가 발생한 날이 속하는 달의 말일부터 2개월 이내

에 양도소득세를 신고납부 해야 합니다.

① 토지보상에 따른 전매금지를 위반함에 따라 대토보상이 현금보상으로 전환된 경우
② 대토에 대한 소유권이전등기를 완료한 후 3년 이내에 해당 대토를 양도한 경우

53.

개발제한구역(그린벨트)의
토지 양도의 특례

　그린벨트로 많이 알려진 "개발제한구역"은 도시의 무질서한 확산을 방지하고 도시 주변의 자연환경을 보전하여 도시민의 건전한 생활환경을 확보하기 위한 목적으로 도시의 개발 제한을 지정한 구역입니다.

　개발제한구역으로 지정이 되면 해당 토지는 건축이나 형질변경 등이 금지됩니다. 개발제한구역 인근 지역과 비교해 지가 상승도 미비합니다. 해당 토지가 토지거래허가구역으로 지정된 경우, 토지 거래를 위해서는 지자체에 허가를 받아야 합니다. 해당 토지의 소유자는 많은 불편함을 감수해야 합니다.

　해당 토지가 수용이 되는 경우가 있습니다. 토지가 수용이 되면 양도에 해당되어 양도소득세 과세대상에 해당하지만, 개발제한구역 토지가 수용되는 경우 양도소득세 감면 혜택을 받을 수가 있습니다.

1) 개발제한구역 토지가 수용되는 경우 양도소득세 감면

구분	취득 및 보유	감면율
개발제한구역 내의 토지	개발제한구역 지정일 이전에 취득한 매수대상 토지 등	40%
	지정일 후 취득하여 20년 이상 보유한 매수대상 토지 등	25%
개발제한구역에서 해제된 토지	개발제한구역 지정일 이전에 취득한 토지 등	40%
	지정일 후 취득하여 20년 이상 보유한 토지 등	25%

위의 표를 보면 개발제한구역 내의 토지가 수용되는 경우와 개발제한구역에서 해제된 토지가 수용되는 경우로 구분할 수 있습니다.

2) 개발제한구역 내의 토지가 수용되는 경우

① 토지가 개발제한구역으로 지정이 되고 보유하던 중에 수용이 된 경우입니다.

② 개발제한구역으로 지정이 된 토지를 취득한 후 20년 이상 보유한 토지가 수용이 되는 경우입니다.

3) 개발제한구역에서 해제된 토지가 수용되는 경우

① 토지가 개발제한구역으로 지정이 되고 보유하던 중에 개발제한구역이 해제가 되었고, 해제일로부터 1년 이내에 사업인정 고시가 된 경우입니다.

② 개발제한구역으로 지정이 된 토지를 취득한 후 20년 이상 보유한 토지가 개발제한구역이 해제가 되었고, 해제일로부터 1년 이내에 사업인정 고시가 된 경우입니다.

4) 해당 토지 인근에 거주해야 한다

공통요건으로 해당 토지가 소재하는 시·군·구(자치구) 안의 지역 또는 연접한 시·군·구 안의 지역과 해당 토지로부터 직선거리 30Km 이내의 지역에 거주하는 거주자가 소유한 토지일 것

만일, 이 토지가 상속 받은 토지이면 피상속인이 해당 토지를 취득한 날이 취득일로 봅니다(취득일 ← 피상속인의 취득일).

5) 감면 혜택이 다른 감면규정과 중복되면 유리한 것으로 적용할 수 있다

토지가 수용이 되어 '공익사업용 토지 등에 대한 양도소득세의 감면(조특법77조)'의 요건을 충족하면 수용에 따른 양도소득세 감면을 받을 수 있습니다.

또한, 농지인 토지가 수용이 되는데, 자경농지 양도소득세 감면 요건을 충족하면 자경농지 양도소득세 감면을 받을 수 있습니다.

요건을 충족한 것이 2개 이상인 경우 양도소득세 감면 중 1개만 감면 적용을 받을 수 있습니다. 납세자는 유리한 것을 선택하면 됩니다.

만일 매수한 자경농지가 취득한 지 2년도 안 되어 수용되는 경우 요건 미충족으로 양도소득세 감면을 받지 못할 수도 있습니다.

54.

한 필지의 토지를 분할하거나 지분을 나눠서 양도하면 괜찮을까?

양도소득세는 소득에 대한 세금입니다. 당해연도에 양도를 2건 이상 하는 경우 확정신고를 해야 합니다.

양도소득세는 과세표준 크기에 따라 6%에서 최대 45%까지 누진세율이 적용됩니다. 양도차익이 클수록 과세표준도 커지므로 양도소득세 부담이 증가합니다.

부동산 2개를 양도하려는 경우 절세 방법은 같은 연도에 양도하지 않고 연도를 달리해서 각각 양도하는 것이 양도소득세를 절세하는 방법입니다.

토지 1필지를 양도할 때 2필지로 분할을 해서 1필지는 올해 양도하고 다른 필지는 연도를 달리하여 내년에 양도하면 절세가 될까요? 부동산을 지분 전체를 양도하지 말고 당해연도에 지분 50% 양도하고, 내년에 나머지 지분을 양도하면 절세가 될까요?

이렇게 양도를 해도 문제가 없을까요?

1) 세법의 실질과세 규정

세금은 국민의 재산권과 밀접하게 관련된 것으로, 세법은 조세법률주의의 지배를 받습니다. 세금은 세법에 규정을 두어 집행을 하는데, 사회·경제·환경이 급격하고 다양하게 변하는 현실에서, 법적 형식과 경제적 실익의 괴리가 발생하는 현상이 있습니다. 이를 방지하기 위해 세법에 실질과세 규정을 두고 있습니다.

실질과세 중에 제3자를 통한 간접적인 방법이나 둘 이상의 행위 또는 거래를 거치는 방법으로 이 법 또는 세법의 혜택을 부당하게 받기 위한 것으로 인정되는 경우에는 그 경제적 실질 내용에 따라 당사자가 직접 거래를 한 것으로 보거나 연속된 하나의 행위 또는 거래를 한 것으로 보아 이 법 또는 세법을 적용합니다.

2) 토지를 분필하여 연도를 달리해서 양도하는 경우

토지는 필지를 단위로 합니다. 토지를 2개 이상으로 분할할 수 있고, 2필지 토지를 하나의 필지로 병합할 수 있습니다.

자경농지 양도소득세 감면을 충족하는 경우 농지를 양도하면 당해연도에 최대 1억 원, 5개년 동안 2억 원까지 양도소득세 감면을 받을 수가 있습니다.

예를 들어 농지 소유자가 보유 중인 농지를 매매 또는 수용으로 양도할 때, 부담해야 하는 양도소득세가 2억 원인 경우 해당 농지를 분필하여 당해 연도에 일부 농지를 양도하고, 다음 연도에 나머지 농지를 양도하면 양도소득세 감면을 각각 1억 원씩 적용받아 양도소득세 부담이 없을 수 있습니다.

이 경우에는 실질과세 원칙에 따라 2개의 양도를 하나의 양도로 보아 양도소득세를 재계산합니다. 2억 원의 양도소득세에서 1억 원의 양도소득세 감면을 제외한 1억 원의 양도소득세를 추징합니다.

3) 부동산 지분을 나눠 연도를 달리해서 양도하는 경우

부동산을 양도할 때 전체를 양도할 수도 있고, 지분을 나눠서 양도할 수도 있습니다.

부동산 소유자가 양도소득세를 절세할 목적으로 당해연도에 해당 부동산의 지분 50%을 양도하고, 다음 연도에 나머지 지분 50%을 양도했습니다. 이렇게 양도하면 문제가 없을까요?

이 경우에도 실질과세 원칙에 따라 2개의 양도를 하나의 양도로 보아 양도소득세를 재계산합니다.

4) 2회 이상 나눠서 양도한 것이 인정되는 경우

농지 등의 부동산을 매매거래를 할 때 매도인의 사정이 아닌 매수인의 사정으로 2회 이상 나눠서 매수를 하는 경우가 있습니다.

매수인의 자금 사정으로 해당 부동산의 일부를 매수하고, 자금이 마련되었을 때 해당 부동산의 나머지를 매수하는 경우가 있습니다.

또한 당초 사업시행 계획에서 해당 토지의 일부 면적만 필요했었는데, 수용계획이 변경되어 해당 토지의 나머지 부분도 수용하는 경우가 있습니다.

위의 경우는 매도인의 사정으로 양도를 할 때 2회 이상 분할 매도한 것이 아니라, 매수인의 사정으로 분할 매도된 것입니다. 이와 같은 경우는 조세회피 의도 없기 때문에 실질과세 규정이 적용되지 않습니다.

55.

나대지를 노상주차장 토지와 하치장 토지로 사용 시 사업용 토지 판단은?

농지와 목장용지 등을 제외하고 대지 같은 토지는 토지에 건축물을 지어 사용합니다.

대지에는 건축물이 있는 것이 당연하지만, 어떤 이유로 나대지 상태인 경우가 있습니다. 나대지 상태로 양도하는 경우 비사업용 토지에 해당하여 양도소득세가 중과세됩니다.

토지를 노상주차장이나 하치장으로 사용하는 경우 건축물이 없습니다. 나대지를 노상주차장이나 하치장으로 사용하면 해당 토지를 사업에 이용하는 것이니 양도소득세 중과세에서 제외될까요?

1) 비사업용 토지의 양도소득세 중과세

비사업용토지란 법 소정 기간 동안 토지 본래의 용도(지목)에 맞지 않게 사용하고 있는 토지를 의미합니다. 세법은 해당 토지가 사용기준·지역기준·면적기준·기간기준에 따라 부합하면 사업용 토지에 해당하고 그렇지 않으면 비사업용토지에 해당합니다.

해당 토지가 사업용 토지에 해당하는지를 판단합니다. 사업용 토지에 해당하지 않으면 비사업용 토지에 해당합니다.

2) 주차장용 토지

주차장은 건물 내에 있는 주차장이 있고, 토지 자체를 주차용으로 사용하는 주차장이 있습니다.

나대지를 주차장용으로 사용할 수 있습니다. 실제 야외 주차장으로 사용하는 경우가 있지만, 형식적으로 주차장용으로 만들어 놓고 사용하지 않는 경우도 있습니다.

주차장용 토지로 사업용 토지가 되려면

① 양도일 직원 5년 중 3년 이상 또는 양도일 직전 3년 중 2년 이상 직접 주차장 사업에 사용
② 토지를 임대하지 말고 본인이 직접 주차장을 운영
③ 주차장으로 발생한 수익이 해당 공시지가의 3% 이상

3) 하치장용 토지

하치장용 토지는 물품 보관 및 관리를 위해 사업장과 별도로 설치·사

용되는 토지를 말합니다. 컨테이너의 전시·판매 및 보관서비스업 등을 위한 사업장으로 사용되는 토지는 하치장용 토지에 해당하지 않습니다.

① 양도일 직원 5년 중 3년 이상 또는 양도일 직전 3년 중 2년 이상 직접 하치장에 사용
② 물품 보관·관리에 사용된 최대면적 120% 이내
③ 토지 소유주가 직접 운영하지 않아도 됩니다. 임차인에게 임대를 해도 사업용 토지로 인정받을 수 있습니다.

56.

기타 토지(잡종지 등)의 경우 비사업용 토지 판단은 어떻게 하나요?

　세법에서 해당 토지가 사업용 토지에 해당하는지 여부는 28개 지목별로 각각 판단하지 않고, 농지, 임야, 목장용지, 별장부속토지, 주택부속토지가 및 기타 토지(그 외의 토지)로 판단합니다.

　지목 28개를 6가지로 분류하여, 해당 토지가 6가지 중 해당하는 분류에 따라 사업용 토지에 해당하는지 판단합니다.

　토지가 잡종지 같은 농지나 대지가 아닌 토지의 경우 비사업용 토지 여부를 어떻게 판단할까요?

　잡종지 같은 기타 토지의 경우 아래의 단계별로 비사업용 토지 여부를 판단합니다.

1) 토지의 실제 지목을 확인

세법은 해당 토지의 지목과 실제 사용되는 용도가 다른 경우 실제 사용되는 지목을 기준으로 판단합니다.

예를 들어 공부상 지목이 대지인데, 실제 농지로 사용하고 있는 경우 해당 토지는 농지를 기준으로 사업용 토지 여부를 판단합니다.

2) 사업용으로 의제하는 토지인지 확인

해당 토지가 세법에서 기간 기준에 관계없이 사업용으로 의제하는 토지에 해당하는지 확인합니다.

3) 해당 토지가 재산세가 비과세·면제되거나 별도합산과세 또는 분리과세되는 토지인지 확인

토지는 지방세법상 재산세 과세대상 자산에 해당합니다. 기타 토지의 경우 재산세가 비과세·면제되거나 별도합산과세 또는 분리과세가 되는 경우 사업용 토지로 봅니다. 즉, 토지 재산세가 종합합산과세 대상 토지인 경우 비사업용 토지로 봅니다.

해당 토지가 재산세가 비과세·면제되는 토지인지, 아니면 별도합산과세나 분리과세 대상 토지인지 확인합니다.

4) 토지의 재산세가 종합합산과세 대상이지만 사업과 관련이 있는지 확인

세법에서는 해당 토지의 재산세가 종합합산과세 대상으로 부과가 되는 경우 비사업용으로 의제합니다. 그러나 해당 토지의 이용상황, 관련 법령상의 의무이행 여부 등을 관련하여 사업과 관련이 있다고 인정되는 경우 해당 기간은 사업용으로 인정받을 수 있습니다.

57.

나대지에 건물을 신축하다가 양도하는 경우 비사업용 토지에 해당하나요?

개인이 토지에 건물을 신축하는 것은 분양목적, 임대목적 또는 거주목적일 것입니다.

해당 신축 공사에 발주자인 개인이 공사가 끝나기 전에 개인 사정으로 인해 신축중인 건축물과 토지를 양도하는 경우 해당 토지는 사업용 토지로 양도소득세가 과세될까요?

1) 건축 중인 경우에는 해당 공사기간은 사업용 시간으로 간주

건축물이 없는 토지를 취득하여 건설에 착공한 토지는 건축기간 동안 비사업용 토지에 해당하지 않습니다.

2) 건설공사에 착공한 토지를 취득하고 건축 중인 상태에서 다시 양도한 경우

건설공사에 착공한 토지를 취득하여 취득 당시의 상태로 양도하는 경우 비사업용토지에서 제외되지 않습니다. 즉, 사업용 토지에 해당하지 않습니다.

3) 건축허가 후 착공 전에 양도하는 경우

지상에 건축물이 정착되어 있지 아니한 토지를 취득하여 사업용으로 사용하기 위하여 건설에 착공한 토지는 건설에 착공한 주체와 관계없이 취득일부터 2년 및 착공일 이후 건설이 진행 중인 기간은 사업용 토지로 봅니다.

그러나, 건축허가가 나고 착공 전에 양도하는 경우에는 사업용으로 사용하기 위하여 건설에 착공한 토지로 보지 않습니다. 즉, 비사업용 토지에 해당합니다.

3) 건물 철거 후 2년이 경과하여 해당 토지를 양도한 경우

토지에 있는 건축물을 멸실·철거되거나 무너진 경우 멸실·철거되거나 무너진 날부터 2년은 사업용 기간으로 봅니다. 멸실일부터 2년을 경과하여 당해 토지를 양도하는 경우에도 당해 건축물의 멸실일부터 2년을 사업용 기간에 포함하여 사업용 토지 여부를 판단합니다.

PART 06

주식 양도소득세

2020년에 코로나19 펜데믹을 겪으면서 이 시기에 주식투자에 대한 전국민적인 관심이 급증했습니다. 동학개미운동이 일어나면서 주식거래를 하는 인구가 폭발적으로 증가했습니다. 이제 주식투자는 재테크에 필수사항이 되었습니다.

주식은 양도소득세 과세대상 자산입니다. 국내주식뿐만 아니라 해외주식도 양도하면 양도소득세가 부과됩니다.

국내 증권회사의 앱을 통해 국내 상장주식과 국외 상장주식을 손쉽게 거래할 수 있습니다.

요즘은 비상장회사 중에 상장을 앞두고 있는 회사나 우량 회사도 앱으로 거래를 할 수 있습니다.

이 파트는 주식거래와 관련된 양도소득세 내용을 담고 있습니다.

58.

주식을 팔면 양도소득세가 있다

대한민국에서 주식은 중요한 재테크 수단입니다. 주택 가격이 몇 년에 걸쳐 크게 상승하여 직장인의 월 수입만으로 재산을 형성할 수 있는 방법이 주식이나 코인밖에 없습니다.

코로나19 팬데믹 기간을 거치면서 주식투자가 보편화가 되다시피 했습니다. 이제는 모든 세대가 재테크로 주식투자를 하고 있습니다.

주식은 국내주식과 해외주식으로 구분할 수 있고, 국내주식은 상장주식과 비상장주식으로 구분할 수 있습니다.

1) 주식 양도에 양도소득세가 있는 경우

주식을 양도했을 때 양도소득세가 과세되는 경우와 비과세 되는 경우를 정리하면 아래와 같습니다.

구분	상장법인		비상장법인	
	장내거래	장외거래	K-OTC거래	장외거래
대주주	○	○	○	○
소액주주	×	○	○ 중소·중견기업 소액주주 ×	○

주식을 양도했을 때 양도소득세를 비과세하는 경우는 아래와 같습니다.

① 소액주주가 상장주식을 장내에서 매도하는 경우
② K-OTC 시장에서 중소·중견기업의 소액주주가 매도하는 경우

위 경우를 제외한 주식 양도는 양도소득세가 과세됩니다.

2) 상장주식의 대주주 기준

보유 주식(종목별)이 아래의 기준 이상인 경우 대주주에 해당합니다.

구분	유가증권시장		코스닥시장		코넥스시장	
	지분율	시가총액	지분율	시가총액	지분율	시가총액
2020.4.1. 이후	1%	10억 원	2%	10억 원	4%	10억 원
2024.1.1. 이후	1%	50억 원	2%	50억 원	4%	50억 원

① 지분율 기준

주식등을 양도한 날이 속하는 사업연도의 직전 사업연도 종료일을 기

준으로 판정합니다.

다만, 직전 사업연도 종료일 현재 대주주 기준에 미달했으나 그 후 주식 등을 취득함으로써 그 기준에 해당하게 되었을 때는 그 취득일 이후는 대주주에 해당합니다.

② 시가총액 기준

항상 주식등을 양도한 날이 속하는 사업연도의 직전 사업연도 종료일을 기준으로 판정합니다.

3) 비상장법인의 대주주 기준

비상장법인의 대주주 기준은 4% 또는 10억 원 이상입니다.

4) 주식 양도소득세의 신고기한

구분	예정신고기한
상장주식, 비상장주식	양도일이 속하는 반기의 말일부터 2개월
특정주식, 부동산과다보유법인 주식	양도일이 속하는 말일부터 2개월
국외주식, 파생상품	예정신고의무 면제(확정신고 대상)

5) 비상장법인 주식(지분) 양도와 증권거래세

비상장주식 양도는 소액주주라도 비과세가 없습니다. 상장주식을 소액주주가 장내에서 양도하는 것은 비과세 돼서 양도소득세 신고를 할 필요가 없습니다.

그러나 비상장법인의 주식 양도로 손실이 발생한 경우 양도소득세는 없지만, 관할 세무서에 양도로 손실을 얻었다는 신고를 해야 합니다.

또한 비상장주식 양도할 때 양도가액에 0.35%을 증권거래세로 신고납부해야 합니다.

6) 주식 양도소득세 세율

주식 양도소득세의 세율은 대주주인 경우와 대주주가 아닌 경우로 구분합니다.

(1) 대주주의 주식 양도소득세 세율(누진세율)
① 과세표준 3억 원 이하: 22%(지방소득세 포함)
② 과세표준 3억 원 초과: 27.5%(지방소득세 포함)

단, 대주주가 중소기업이 아닌 법인의 주식을 1년 미만 보유한 경우 33%(지방소득세 포함)

(2) 대주주가 아닌 경우 양도소득세 세율(상장주식의 장외거래 포함)
① 중소기업 주식: 11%(지방소득세 포함)
② 중소기업이 아닌 주식: 22%(지방소득세 포함)

59.

주식의 취득·양도시기와 취득가액 산정

일반적으로 자산을 취득한 날과 양도한 날은 대금을 청산한 날입니다. 자산을 취득할 때 매수인은 매도인에게 매매대금을 지급합니다. 매매대금을 일시불로 또는 계약금·중도금·잔금으로 나누어 지급하는데, 매매대금이 청산된 날이 취득일이자 양도일입니다.

다만, 매매대금이 청산되기 전에 소유권이전등기 접수를 먼저 하는 경우 소유권이전등기 접수일이 취득일·양도일입니다.

주식을 거래하는 경우에도 동일할까요?

1) 주식의 취득·양도시기

자산의 취득일과 양도일은 원칙적으로 대금청산일입니다. 주식 또는 출자지분의 경우로서 대금을 청산하기 전에 명의개서를 한 경우에는 명부에 기재된 명의개서일인 것임.

명의개서란 주주 교체 시 취득자를 주주명부에 기재하는 행위를 의미합니다. 명의개서를 하면 주주의 적법한 권리인으로 추정됩니다.

주식의 취득시가 다른 경우에는 양도한 주식의 주권발행번호, 별도의 독립된 증권계좌에 의한 거래 등을 통하여 확인이 가능한 경우에는 그 확인되는 날이 취득시가가 되는 것이나 불분명한 경우에는 선입선출법을 적용합니다.

2) 주식 취득이 부동산 취득과 다른 점

주식은 부동산과 다릅니다. 부동산 A, B, C 3개를 보유하는 경우 이들 부동산은 구별이 가능합니다. 그러나 주식은 A회사가 발행한 주식 1주만 보유하는 경우가 있고, 100주를 보유하는 경우가 있습니다.

예를 들어 1,000주를 200주, 300주, 500주로 나눠 취득한 경우 취득가액이 문제가 됩니다. 동일 기간에 취득한 경우에는 취득가액이 같을 수 있지만, 각각 다른 연도에 주식을 취득한 경우 취득가액이 다릅니다.

3) 상장주식의 취득가액 산정방법

비상장주식과 상장주식은 취득가액 산정방법에 차이점이 있습니다.

비상장회사의 주식은 거래가 빈번하게 이루어지지 않습니다. 대부분 법인이 설립되고 나서 대표자가 지분 100%을 소유하고 있고, 외부 투자자한테 투자를 받았을 때 대표자의 지분 일부를 양도합니다.

벤처기업 인증을 받고 임직원에게 동기부여 차원에서 주식매수선택권을 부여한 후, 권리행사를 했을 때 주식거래가 이루어집니다. 회사가 벤처기업이 아닌 이상은 거래가 거의 없는 것이 특징입니다. 주식을 취득했을 때 구분이 명확하고, 취득가액도 명확합니다.

상장주식의 경우 주식시장에서 거래가 빈번한 것이 특징입니다. 회사의 주식을 1회성으로만 취득했다면 취득가액은 명확합니다. 그러나 취득과 처분이 빈번하다면 취득할 때마다 취득가액이 다르고, 양도할 때도 어느 날짜에 취득한 것을 처분했는지 알기 어렵습니다.

상장회사 주식의 취득가액 산정방법으로 선입선출법과 이동 평균법이 있습니다.

(1) 선입선출법

선입선출법은 가장 먼저 매수한 주식이 처분한 것으로 간주하는 것입니다.

예를 들어서 1월에 100주 매수, 2월에 200주 매수, 3월 300주 매수, 그리고 5월에 50주 처분, 6월에 100주 처분을 했습니다. 선입선출법으로 하면 먼저 1월에 매수한 50주를 5월에 처분했고, 6월에는 1월에 매수한 50주와 2월에 매수한 50주를 처분한 것입니다.

(2) 이동평균법

이동평균법은 주식을 매수할 때마다 평균 매수가격을 계산합니다. 보통 증권회사에서 사용하는 방법입니다.

1월에 주식 10주를 주당 5천 원에 매수하고, 2월에 10주를 주당 1만 원에 매수하고, 3월에 5주를 처분했습니다. 이동평균법에 의하면 주당 7천 5백 원에 매수한 주식 5주를 처분한 것입니다.

60.

중소기업이란?

주식 (또는 지분) 양도에 대한 양도소득세에서 해당 주식을 발행한 회사가 중소기업에 해당하는지는 중요합니다.

주식을 발행한 해당 회사가 중소기업인지 여부에 따라 적용되는 세율이 다르기 때문입니다.

1) 중소기업 범위

회사가 중소기업 해당하는지는 회사의 매출액과 자산규모로 판단하는데, 「중소기업기본법」에서 규정하고 있습니다.

자산은 5천억 원 미만이고, 매출액은 업종마다 다릅니다. 제조업은 1,000억 원~1,500억 원 이하, 건설업·도소매업은 1,000억 원 이하입니다.

다만 신설법인은 주식 양도일 현재 기준으로 판단합니다.

2) 중소기업의 판단기준일

중소기업 여부는 주식 양도양수계약의 잔금청산일을 기준으로 직전 사업연도 종료일을 기준으로 중소기업 해당 여부를 판단합니다.

3) 중소기업 유예기간

중소기업은 정부에서 여러 가지 혜택을 받을 수가 있습니다. 시장 상황에 따라 매출이 증가할 수 있고 감소할 수 있습니다. 매출이 증가하여 중소기업 기준을 초과한 경우 중소기업을 졸업하게 되어 혜택을 받지 못하게 됩니다.

또한, 회사의 주주도 특정연도에 해당 회사가 중소기업이 아니게 되면, 주식을 양도할 때 비중소기업의 주식 양도소득세를 부담할 수 있습니다.

그래서 세법은 중소기업이 매출 증대나 규모 확대로 중소기업에 해당하지 아니하게 된 경우 그 사유가 발생한 사업연도의 다음 사업연도부터 3년간은 중소기업으로 봅니다.

61.

비상장주식 평가 및 양도소득세와 증여세

상장주식과 비상장주식의 차이점은 상장주식은 거래시장에서 주식이 거래되고 있어서 주식 가격을 알 수가 있지만, 비상장주식은 시장에서 주식이 거래되지 않기 때문에 주식 가격이 없습니다.

비상장주식의 가격을 알기 위해서는 주식평가를 해야 합니다. 세법은 비상장주식 평가방법에 대해 규정을 하고 있습니다.

1) 세법에 따른 주식평가

세법에서는 비상장주식과 출자지분은 다음 가액에 의하여 평가하도록 규정하고 있습니다.

① 순손익가치
1주당가액=1주당 최근 3년간 순손익액의 가중평균액÷금융기관이 보증한 3년

만기회사채의 유통수익률을 감안하여 국세청장이 정하여 고시하는 이자율

② 순자산가치

1주당가액=당해 법인의 순자산가액÷발행주식총수

③ 평가방법

일반법인 주식 = [(순손익가치 × 3) + (순자산가치 × 2)] ÷ 5

부동산 과다보유법인 주식 = [(순손익가치 × 2) + (순자산가치 × 3)] ÷ 5

2) 양도소득세의 부당행위계산 부인과 증여세

양도소득세에는 부당행위계산 부인 규정이 있습니다. 이 규정은 특수관계인 간의 거래에서 조세부담을 부당하게 낮추거나 회피하기 위해 거래를 한 경우, 그 소득금액을 다시 계산하여 세금을 추징하는 규정입니다.

비상장주식을 양도하는데 세법상 평가된 주당 가격보다 낮은 가격 또는 높은 가격으로 거래하는 경우 관할 세무서는 정당한 이유가 없는 이상 부당행위계산 부인 규정을 적용하여 소득금액을 재계산합니다.

주식거래를 한다면 매도인과 매수인은 자기에게 유리한 가격으로 거래를 하고 싶은 것이 당연합니다.

친·인척 등 특수관계인 간 거래를 할 때 시가보다 저가로 거래하면 어떻게 될까요?

3) 특수관계인에게 정당한 이유 없이 낮은 가격으로 주식거래

거래당사자 간 주식거래에서 정당한 이유 없이 낮은 가격으로 주식을 양도하면 매도인은 손해를 보게 되고, 매수인은 매도인이 손해 본 금액만큼 이익을 얻습니다.

예를 들어 취득가액이 1억 원인 지분의 시가가 10억 원(시가)인데, 매수인(특수관계인)에게 6억 원에 양도하면 양도인은 5억 원의 양도차익을 얻지만, 시가보다 저가로 양도하여 4억 원의 손해를 봅니다.

매수인은 해당 지분을 10억 원이 아닌 6억 원에 취득하여 4억 원만큼 경제적 이득을 얻은 것입니다.

이에 대해 세법은 정당한 이유 없이 낮은 가격으로 주식거래하는 경우 부당행위계산 부인 규정을 적용합니다.

(1) 매수인의 경우

매수인에게 저가 거래로 매매가액(지급대가)과 시가 차액이 시가의 30% 또는 3억 원 이상인 경우 매수인에게 증여세를 부과합니다.

증여재산가액 = 차액 - min[시가의 30%, 3억 원]
     = (10억 원 - 6억 원) - min[10억 원의 30%, 3억 원]
     = 1억 원

(2) 양도인의 경우

친·인척에게 지분을 저가로 양도한 양도인은 해당 지분의 양도가액은 매매가액(6억 원)이 아닌 시가(10억 원)을 적용하여 양도소득세를 계산합니다.

반대로 친·인척 등 특수관계인 간 거래를 할 때 시가보다 고가로 거래하면 어떻게 될까요?

4) 특수관계인에게 정당한 이유 없이 높은 가격으로 주식거래

반대로 친·인척 등 특수관계인 간 양도인이 매수인에게 지분을 정당한 이유 없이 고가로 양도하는 경우 양도인은 이익을 얻고 매수인은 손해를 보게 됩니다.

예를 들어 취득가액이 1억 원인 지분을 시가 10억 원에 양도할 수 있는데, 15억 원에 양도하면 양도인은 14억 원의 양도차익을 얻는데, 시가보다 고가로 양도하여 5억 원 상당의 추가이익을 얻은 것입니다. 매수인은 해당 지분을 10억 원이 아닌 15억 원에 취득하여 추가로 지급한 5억 원만큼 경제적 손실을 얻은 것입니다.

이에 대해 세법은 정당한 이유 없이 낮은 가격으로 주식거래하는 경우 부당행위계산 부인 규정을 적용합니다.

(1) 매수인의 경우

친·인척 등 특수관계인 간 거래로 시가보다 높은 가액으로 지분을 취득한 경우 매수인에게 증여세 문제는 없습니다. 해당 지분의 취득가액은 매매가액(지급대가) 15억 원이 아닌 시가 10억 원입니다.

(2) 양도인의 경우

양도인은 친·인척 등 특수관계인에게 시가 10억 원의 지분을 15억 원에 고가양도하여 5억 원의 추가 이익을 얻은 것에 증여세를 부과합니다.

증여재산가액 = 차액 - min[시가의 30%. 3억 원]
     = (15억 원 - 10억 원) - min[10억 원의 30%. 3억 원]
     = 2억 원

매매가액 15억 원에서 증여재산가액 2억 원을 차감한 13억 원을 양도가액으로 양도소득세를 계산합니다. 매매가액에서 증여재산가액을 차감하는 이유는 고가양도에 따른 증여세를 부과하기 때문에, 이중과세를 조정하는 위함입니다.

62.

해외주식을 양도할 때
국내주식과의 차이점

해외주식에 대한 관심이 뜨겁습니다. 국내주식시장에 대한 불신에 따른 미국시장을 비롯한 해외주식에 관심과 투자를 하는 사람이 매년 증가하고 있습니다.

해외주식을 양도하면 양도소득세를 납부합니다. 손실이면 당연히 양도소득세가 없습니다.

1) 해외주식 양도는 비과세가 없다

해외주식을 장내에서 양도해도 비과세를 적용하지 않습니다. 국내 상장주식을 보유한 소액주주가 장내에서 이를 양도하면 비과세를 하지만, 해외주식은 비과세가 없습니다.

2) 단일세율 적용

해외주식에 대한 양도소득세의 계산방법도 국내주식과 큰 차이가 없습니다. 국내주식과 달리 20%의 세율을 적용하며, 예정신고가 없고 확정신고를 합니다.

국내 소재 중소기업이 국외에 상장한 주식을 양도한 경우에는 10%의 세율을 적용합니다.

3) 국내주식과 해외주식 손익을 통산할 수 있다

국내주식 양도에서 손실이 발생했고, 해외주식 양도에서 이익이 발생한 경우, 국내주식과 해외주식의 손익을 통산합니다.

2024년에 국외·국내주식의 손익을 통산하는 것으로 세법이 개정되었습니다. 주의할 점은 확정신고를 할 때 손익을 통산하여 신고할 때만 가능한 것입니다.

63.

해외주식 손실을 통산하여
절세를 할 수 있다

주식 양도소득세에서 상장주식을 소액주주가 장내에 양도하는 것만 비과세됩니다. 그 외의 거래는 양도소득세를 부담해야 합니다. 물론 주식거래에서 손실이 발생한 경우 양도소득세는 없습니다.

해외주식은 소액주주 여부와 관계없이 양도소득세가 과세됩니다.

개인투자자가 해외주식에 2종목 이상 투자하는데, 한 종목에는 평가이익을 얻고 있고 다른 종목에는 평가손실을 보는 경우 평가손실을 활용한 절세 방법을 생각해 볼 수 있습니다.

다만 평가이익이 기본공제 250만 원 이하이면 양도소득세가 없기 때문에 고민할 것은 없습니다.

예를 들어 개인투자자가 해외주식 A와 B 종목에 각각 3천만 원씩 투자를 했습니다. 종목A는 현재 2천만 원의 평가이익을 얻고 있고, 종목 B는 2천만 원의 평가손실을 보고 있습니다. 거래비용이 없는 조건으로 설명을 하면 아래와 같습니다.

1) 평가이익 중인 종목A을 양도하면

종목 A는 2천만 원의 평가이익을 얻고 있는데 이 주식을 양도하면 기본공제 250만 원 적용하여 양도소득세는 지방세 포함 385만 원입니다.

2) 종목 A을 양도하고 종목B을 추가매수

종목 A을 양도하고 양도소득세를 납부하고 나면 투자금 3천만 원에 이익을 얻은 금액이 1,615만 원입니다.

종목 B을 추가매수 한다면 3천만 원에 1,615만 원을 합산한 4,615만 원으로 종목 B을 추가매수 할 수 있습니다. 종목 B을 추가매수한 결과 종목 B을 5,615만 원을 보유하게 됩니다.

3) 종목 A와 종목 B을 양도하고 종목 B을 추가매수

종목 A와 종목 B을 양도하면 어떻게 될까요? 주식 양도소득세는 주식을 양도로 하여 얻은 양도소득에 대한 세금입니다. 종목 A을 양도하면 종목 B을 추가매수 하면 2)과 어떤 차이가 있을까요?

해외주식 종목 A와 종목 B의 양도차손익은 각각 계산하고 합산하여 해외주식에서 얻은 양도소득을 계산합니다.

종목 A에서는 2천만 원의 양도차익이 발생하고 종목 B에서는 2천만 원의 양도차손이 발생합니다. 합산을 하면 양도소득이 0원입니다. 양도소득이 0원으로 양도소득세가 없습니다.

종목 A와 종목 B을 양도하면 5천만 원과 1천만 원을 각각 얻게 되어 총 6천만 원을 얻습니다. 6천만 원으로 종목 B을 매수하면 됩니다.

4) 차이가 발생하는 이유

종목 A만 양도한 금액으로 종목B을 추가매수 하는 경우와 종목 A와 종목 B을 양도한 후 종목B을 매수하는 경우를 비교하면 금액의 차이가 있습니다.

이는 주식 양도소득세만큼 차이가 나는데, 양도소득은 같은 그룹에서 발생한 손익을 통산하기 때문입니다. 손익 통산은 동일 연도에서 발생한 손익이어야 합니다. 같은 해외주식에서 발생한 손익이라도 한 종목은 2024년에 양도에서 이익을 얻었고, 다른 종목은 2025년에 양도해서 손실을 얻은 경우 두 종목의 손익은 동일 연도에서 발생한 것이 아니기 때문에 손익 통산을 할 수 없습니다.

PART 07

국외 부동산 양도

요즘 해외 투자가 많이 보편화 되었습니다. 국외 주식투자 외에 미술품 투자, 부동산 투자 등이 있습니다. 국외 부동산에 관심이 갖고 투자하시는 분들이 많습니다.

국외 부동산은 거래금액 단위가 크고 외환관리 및 조세회피 방지 목적으로 은행을 통해 반드시 송금과 입금이 이루어져야 합니다.

그 나라에 소재하는 국외 부동산을 양도하면 그 나라 세법 규정에 따른 양도소득세를 납부해야 하고, 국내에도 양도소득세를 납부해야 합니다. 해당 부동산에 대해 세금을 2번 납부하는 문제가 있습니다.

이 파트는 국외 부동산을 양도했을 때 환율 적용과 양도소득금액 계산 및 외국납부세액 적용에 대한 내용을 담고 있습니다.

64.

국외 부동산과 양도소득세

거주자가 국외에 있는 부동산등을 양도한 경우 이는 양도소득세 과세대상에 해당합니다. 거주자에는 해당 자산의 양도일까지 계속 5년 이상 국내에 주소 또는 거소를 둔 자를 포함합니다.

아래의 국외 자산을 양도한 경우 양도소득세 납세의무가 있습니다.

① 토지 또는 건물의 양도로 발생하는 소득
② 부동산에 관한 권리의 양도로 발생하는 소득
 - 부동산을 취득할 수 있는 권리(건물이 완성되는 때에 그 건물과 이에 딸린 토지를 취득할 수 있는 권리를 포함)
 - 지상권
 - 전세권과 부동산임차권
③ 기타자산
 - 사업용 고정자산과 함께 양도하는 영업권, 부동산과다보유법인 주식등

65.

해외 부동산을
취득·보유·처분 시에 관련 절차들

거주자가 해외 부동산을 취득하는 단계부터 처분할 때까지 여러 절차들이 있습니다. 이 절차들은 취득단계, 보유단계, 처분단계로 구분할 수 있지만, 은행을 통한 절차와 세무서를 통한 절차로 구분할 수 있습니다.

1) 은행을 통한 절차

거주자가 해외 부동산을 취득한다는 것은 외화로 해당 자산을 취득하는 것이고, 해당 자산을 처분하는 것은 외화를 수령하는 것입니다.

이는 국내에서 외화가 유출되는 것과 유입되는 것은 외국환은행을 통해 송금과 입금을 해야 합니다.

① 해외부동산 취득 계약
② 해외부동산 취득 신고·수리(외국환거래은행 전 영업점)
③ 취득자금 송금 후 3개월 이내에 「취득보고서」 제출 (지정거래 외국

환은행)
④ 신고·수리 후 일정시점마다 사후관리 서류 제출(지정거래 외국환 은행)
⑤ 해외부동산 처분(양도)
⑥ 처분 후 3개월 이내에 「처분보고서」 제출(지정거래 외국환은행)

각 은행절차에 구체적인 것은 해당 지정거래 외국환은행에서 안내를 받으세요.

2) 세무 절차

거주자가 국내 부동산을 취득해서 보유하는 것과 해외 부동산을 취득하여 보유하는 것은 차이점이 있습니다. 해외 부동산은 정부의 영향력이 닿지 않는 곳이라 조세회피 우려가 있어서 해당 자산의 취득부터 처분까지 세무 절차가 엄격합니다. 세무 절차는 아래와 같습니다.

① 해외부동산 취득 신고·수리는 외국환 거래은행 한 곳만을 지정하여 거래해야 하며, 사후관리도 그 지정거래 외국환은행을 통해서 하여야 합니다(신고·수리은행의 영업점).
② 취득대금 해외송금 시 납세증명서(전국 세무서나 홈택스에서 발급) 제출(지정거래외국환은행 영업점)
③ 취득 다음연도 6월 말까지 「해외부동산 취득·보유·투자운용(임대) 및 처분 명세서」와 「해외영업소 설치현황표」(개인사업장인 경우) 함께 주소지 관할 세무서(또는 홈택스)에 제출합니다.

④ 해외부동산 임대소득에 대하여 다음연도 종합소득세 확정신고 기간 중 신고·납부「해외부동산 취득·보유·투자운용(임대) 및 처분 명세서」,「해외영업소 설치현황표」(개인사업장인 경우) 함께 제출합니다.

⑤ 해외부동산 처분(양도)한 달의 말일부터 2월 이내에 부동산 양도소득세 예정신고·납부합니다.

⑥ 해외부동산 처분 다음연도 6월 말까지「해외부동산 취득·보유·투자운용(임대) 및 처분 명세서」,「해외영업소 설치현황표」(개인사업장인 경우 폐업여부) 함께 주소지 관할 세무서에 제출합니다.

66.

국외 부동산등의 양도가액과 필요경비

양도소득세는 양도차익에 대한 세금으로 양도가액에서 필요경비을 차감하여 계산합니다.

필요경비는 해당 자산의 취득 당시 가액과 자본적지출액 및 양도비용 등을 합산한 금액입니다.

양도소득세에서 양도가액과 취득가액 및 필요경비는 시가가 원칙입니다. 국외 부동산 양도에서도 양도가액과 필요경비는 실지거래가액(시가)이 원칙입니다.

1) 실지거래가액(시가)가 확인된 경우

국외자산의 양도가액과 필요경비는 그 자산의 양도 및 취득 당시의 시가가 원칙입니다.

다만, 시가를 확인할 수 없는 경우에는 양도자산이 소재하는 국가의 양도 당시 현황을 반영한 시가에 따르되, 시가를 산정하기 어려울 때에는 그 자산의 종류, 규모, 거래상황 등을 고려하여 세법에서 규정으로 정하는 방법에 따릅니다.

2) 시가 확인이 되는 않는 경우

시가 확인이 되는 않지만, 아래의 해당하는 가액이 확인되는 경우에는 해당 금액을 시가로 합니다.

① 국외자산의 양도에 대한 과세와 관련하여 이루어진 외국정부(지방자치단체를 포함한다)의 평가가액
② 국외자산의 양도일 또는 취득일 전후 6월 이내에 이루어진 실지거래가액
③ 국외자산의 양도일 또는 취득일 전후 6월 이내에 평가된 감정평가법인 등의 감정가액
④ 국외자산의 양도일 또는 취득일 전후 6월 이내에 수용 등을 통하여 확정된 국외자산의 보상가액

3) 위 2)의 가액도 없는 경우

위 2)의 가액도 없는 경우 해당 자산의 시가는 「상속세 및 증여세법」의 평가방법을 준용하여 평가합니다.

67.

양도차익 계산 시 외화환산

해외부동산 거래는 원화로 거래하지 않고 외화로 거래를 합니다. 취득시점과 양도시점 및 자본적지출 시 환율을 적용하여 계산해야 합니다.

환율은 아래의 정한 날 현재 기준환율(미달러에 대한 고시환율) 또는 재정환율(미달러 이외 통화에 대하여 적용하는 환율)을 적용하여 계산을 합니다.

1) 양도가액 환율

양도가액을 수령한 날의 환율을 적용. 다만, 수령일보다 소유권이전등기 접수일·인도일 또는 사용수익일 중 빠른 경우 양도일이므로, 그날의 환율을 적용.

2) 취득가액 환율

매매대금을 지급한 날의 환율. 다만, 지급일보다 소유권이전등기 접수일·인도일 또는 사용수익일 중 빠른 경우 취득일이므로, 그날의 환율을 적용.

3) 분할해서 지급 또는 수령하는 경우
① 양도가액을 수차에 걸쳐 수령하는 경우에는 수령할 때마다 그날의 환율을 적용합니다.
② 취득가액을 수차에 걸쳐 지급하는 경우 지급할 때마다 그날의 환율을 적용합니다.

4) 그 외 필요경비
자본적지출과 양도비용 등의 필요경비는 해당 비용을 지출한 날의 환율을 적용합니다.

68.

해외부동산과
국내부동산 양도의 차이점

해외부동산 양도소득세에서 국내부동산 양도와의 차이점이 있습니다. 차이점은 다음과 같습니다.

1) 장기보유특별공제 배제

해외부동산 전체에 대하여 장기보유특별공제가 적용되지 않습니다. 이는 주택과 그 외 건물, 토지 모두에 해당됩니다.

2) 다주택자가 해외 주택 양도 시 중과세율 적용 배제

현재 다주택자 양도소득세 중과세율 적용은 유예되고 있습니다. 다주택자가 해외 주택을 양도해도 다주택자 중과세율이 적용되지 않습니다.

다주택자 양도소득세 중과세율은 국내 주택에 대해 적용되는 규정입니다.

3) 해외 주택은 1세대 1주택 비과세 규정을 적용하지 않는다

주택 양도소득세에서 최고의 절세 방법은 1세대 1주택 비과세를 받는 것입니다.

그런데 해외 주택은 1세대 1주택 비과세 규정을 적용하지 않습니다. 1세대 1주택 비과세 규정 국내 주택에 대해서만 적용하는 규정입니다.

4) 해외 부동산 처분손실은 다른 해외 부동산 처분이익과 통산한다

국외자산과 국내자산의 양도소득은 합산하지 아니하므로 양도차손 또한 국내자산 양도소득금액과 통산할 수 없습니다.

국외부동산에서 처분손실이 발생한 경우 다른 국외부동산 처분에서 이익과 발생한 것을 통산할 수 있습니다.

해외 토지·건물, 부동산에 관한 권리 및 기타자산(특정주식·부동산과다보유법인의 주식 등)에서 차익과 차손을 통산할 수 있고, 같은 연도에 양도한 경우여야 합니다.

69.

해외부동산 양도와 외국납부세액공제
(이중과세 방지)

해외부동산을 양도하면 국내 세법 규정에 따라 양도소득세를 신고납부해야 합니다. 그런데 해외부동산 소재지 국가에서도 양도에 따른 세금을 신고납부해야 합니다.

미국부동산을 소유한 거주자가 해당 자산을 양도하면 미국과 한국에서 각각 양도에 따른 세금을 신고납부해야 합니다. 그러면 세금을 2번 내는 것이 됩니다.

1) 외국납부세액공제 규정

세법에서는 외국납부세액공제 규정을 두어 해외부동산 소재지 국가에서 납부한 세금을 국내에서 양도소득세 신고납부를 할 때 외국납부세액공제로 공제를 합니다.

외국납부세액의 공제방법은 다음과 같이 두 가지 방법이 있습니다.

(1) 세액공제 방법

다음 금액을 당해연도의 양도소득 산출세액에서 공제하는 방법으로 세액공제액 ①과 ② 중 작은 금액으로 합니다.

① 해당 국외자산의 양도소득세액

② 한도액:

$$\text{해당 과세기간의 국외자산 양도소득 산출세액} \times \frac{\text{해당 국외자산 양도소득금액}}{\text{해당 과세기간의 국외자산에 대한 양도소득금액}}$$

(2) 양도소득금액 계산상 필요경비에 산입하는 방법

필요경비 산입 방법은 양도소득금액을 계산할 때 국외에서 납부한 세액을 세액공제 대신 필요경비로 산입하는 방법입니다.

2) 계산된 산출세액보다 외국납부세액공제가 큰 경우

만일 국내 산출세액보다 외국납부세액공제가 큰 경우 환급이 될까요?

국내 세율이 해외부동산 소재지 국가의 세율보다 큰 경우 차액만큼 양도소득세를 납부하면 됩니다. 반대로 국내 세율보다 해외부동산 소재지 국가의 세율이 큰 경우에는 차액만큼 환급이 발생하지만, 환급을 하지 않습니다. 만일 환급을 하는 경우 한국정부는 세수손실을 보게 되기 때문입니다.

PART 08

기타 사항들

첫째, 양도소득세에 중요한 것으로 기준시가가 있습니다. 기준시가는 세금에서 매우 중요합니다. 양도소득세뿐만 아니라 법인세, 소득세, 부가가치세, 상속세, 증여세, 재산세, 종합부동산세, 취득세 등 재산과 관련 있는 세금과 관련 있습니다.

둘째, 오래전에 부동산을 취득한 것을 양도할 때 취득 당시 매매계약서가 없어서 취득가액을 알 수 없는 경우가 있습니다. 이 경우 취득가액을 환산해야 합니다.

셋째, 과거 주택 가격이 급상승하고, 다주택자 중과세율이 시행될 때 아파트 시세가 비슷한 보유자들이 서로 아파트를 교환하는 경우가 많았습니다.

넷째, 부동산 등을 거래하는데 해당 매매계약을 합의하여 해제하는 경우 양도소득세는 어떻게 될까요?

다섯째, 체납자 또는 채무자의 자산을 압류하여 공매나 경매를 하는 경우 해당 자산의 양도소득세 어떻게 될까요?

위 사례와 같은 양도소득세와 관련된 수많은 사례들이 있습니다. 이 파트에서는 양도소득세와 관련한 대표적인 사례 몇 개에 대해 설명을 담고 있습니다.

70.

기준시가란

기준시가란 말을 많이 들어봤을 것입니다. 기준시가란 국세청장이 토지 및 건물의 종류, 규모, 거래 상황, 위치 등을 고려하여 매년 1회 이상 산정·고시하는 가액을 말합니다.

기준시가는 양도소득세, 상속세, 증여세, 소득세 등 세금 계산과 안분계산 및 재산세와 종합부동산세를 부과하기 위한 기준으로 활용됩니다.

1) 양도소득세에서 기준시가란

소득세법상 기준시가란 양도소득세 과세대상 자산을 양도하는 경우에 실지거래가액에 불구하고 하나의 물건에 대해 획일적인 방법으로 과세하기 위해 세법에 따라 정부가 결정한 과세기준이 되는 가액을 말합니다.

2) 자산별 기준시가 산정방법

기준시가에서 토지는 개별공시지가, 건물은 국세청장이 산정한 가액,

상업용 건물 및 오피스텔은 국세청장이 일괄 산정한 가액(단, 일괄 고시 안 된 것은 제외), 주택은 개별주택가격 및 공동주택가격으로 합니다.

구분		공시(고시)일	평가·공시기관
토지		5월 말	표준지 공시지가: 국토교통부장관 개별공시지가: 지방자치단체장
주택	공동주택	4월 말	공동주택가격(토지 포함): 국토교통부장관
	개별주택	4월 말	표준주택가격(토지 포함): 국토교통부장관 개별주택가격(토지 포함): 지방자치단체
바주거용 건물	오피스텔·상업용 건물	12월 말	수도권, 광역시, 세종시 소재 오피스텔과 상업용(연면적 3,000㎡ 이상 또는 100개호 이상) 건물가격(토지 포함): 국세청장
	고시되지 않은 건물	12월 말	건물기준시가 계산방법 고시(토지는 개별공시지가 활용): 국세청

2007.1.1. 이후 모든 부동산은 실지거래가액에 의하여 양도차익(쌍방실가)을 산정합니다. 다만, 양도가액을 기준시가로 한 경우는 취득가액도 기준시가(쌍방 기준시가: 부담부증여, 교환 등)로 산정합니다.

3) 기준시가 활용 사례

양도소득세에서 기준시가는 실제 취득가액을 알 수 없을 때 기준시가를 통해 환산 취득가를 산정하거나 토지·건물을 일괄양도하여 구분이 불분명한 경우 양도가액을 안분계산할 때 주로 활용합니다.

또한, 조특법상 주택의 감면(미분양주택, 신축감면주택)에서 주택 취득일부터 5년간 발생한 양도소득금액을 안분계산하는 경우, 농지의 감면 (8년 자경, 농지대토, 8년 축사용지)에서 주거지역 등에 편입된 경우 양도소득금액을 안분계산하는 경우 기준시가로 안분계산을 합니다.

71.

기준시가 산정의 예외적인 사례들

기준시가를 계산하는 것이 자산마다, 사례별로 복잡합니다. 사례 몇 가지를 예를 들면 아래와 같습니다.

1) 분할된 토지의 취득당시 기준시가

토지 중 일부를 분할하여 양도하는 경우 적용할 취득당시 기준시가는 분할 전 종전지번 토지의 개별공시지가를 적용하여 평가합니다.

2) 분할하여 개별공시지가 없는 토지에 대한 감정가액 적용 가능 여부

당초 지번에서 분할되어 양도당시 개별공시지가가 없고, 개별공시지가가 현저하게 상승한 토지에 대하여 2개의 감정평가법인이 평가한 감정가액을 적용하여 양도당시 기준시가를 산정할 수 있습니다.

3) 경정결정된 개별공시지가 적용방법

당초 고시되었던 토지의 개별공시지가가 경정결정된 경우에는 그 경정결정된 개별공시지가를 적용하여 기준시가를 계산합니다.

예를 들어 2025년 9월에 토지를 양도할 때 2025년 5월에 공시된 개별공시지가를 이용하여 양도소득세를 신고납부했습니다. 시간이 지나 2025년 5월에 공시된 개별공시지가를 지자체에서 경정결정했습니다. 이 경우 경정결정된 개별공시지가를 적용하여 양도소득세 경정청구를 할 수 있습니다.

4) 취득당시의 토지등급이 없는 경우 적용할 토지등급가액

취득당시 설정된 토지등급이 없는 때에 적용할 토지등급은 다음 각 호의 순서에 의합니다.

① 재산세과세대장상에 등재된 토지등급
② 해당 토지의 품위와 상황이 유사한 인근토지의 등급가격을 참작하여 시장(구청장)·군수가 결정한 가액
③ 해당 토지와 바로 인접된 토지 중 품위·상황이 유사한 토지의 등급
④ 품위·상황이 유사한 토지가 없는 때에는 해당 토지 소재지 동(리)의 최하등급

5) 공동주택에 딸린 토지가 다수 필지인 경우 기준시가 산정 방법

주택이 한 필지에 지어진 경우가 일반적입니다. 다수의 필지에 주택을 지은 경우도 있습니다. 공동주택에 딸린 토지가 다수 필지인 경우에는 등기부에 처음 기재된 지번의 필지를 기준으로 개별공시지가 및 토지등

급을 적용합니다.

납세자가 신고하거나 과세할 것을 요구하는 경우 등기부에 기재된 필지 전부의 개별공시지가 및 토지등급을 적용하여 기준시가를 계산합니다.

6) 취득당시(주택) 기준시가와 양도당시(주택) 기준시가 산정방법

취득당시에는 주택으로 개별주택가격이 고시된 이후 상가건물로 용도를 변경하여 양도하는 경우, 취득 시 기준시가는 환산주택가격을 자산별 기준시가로 안분하여 토지와 주택분 기준시가를 각각 산정하며, 양도 시 기준시가는 일반건물과 토지에 대한 기준시가를 적용하여 계산한다.

예를 들어 주택을 취득하여 보유하고 있던 중에 근린생활시설로 용도 변경을 하여 음식점 등으로 사용하다가 양도했습니다. 취득당시 기준시가와 양도 시 기준시가는 아래와 같이 계산합니다.

① 취득당시 기준시가 = 최공시 주택가격 × [(토지 취득당시의 기준시가 + 건물 취득당시의 기준시가) ÷ 주택가격 최초공시당시의 토지 기준시가와 건물기준시가의 합계액]
② 양도당시 기준시가
    건물 기준시가: 국세청장이 고시한 산정방법으로 평가한 가액
    토지 기준시가: 개별공시지가 × 면적(m^2)

72.

장기보유특별공제

부동산 양도소득세에서 중요한 것이 장기보유특별공제를 적용받는 것입니다. 특히 주택 양도소득세에서 1세대 1주택자 비과세 요건 또는 일시적 2주택 비과세 요건을 충족하는 경우 장기보유특별공제는 매우 중요합니다.

장기보유특별공제는 토지나 건물에 대하여 보유기간이 3년 이상인 양도소득세를 계산할 때 보유기간에 따라 양도차익의 일정액을 공제하여 소득금액을 산출하는 제도를 말합니다.

부동산에 대한 양도소득세에서 장기보유특별공제는 토지, 건물, (원)조합원입주권 및 일반주택인 경우와 1세대 1주택인 경우로 구분합니다.

1) 토지, 건물, (원)조합원입주권 및 일반주택인 경우 장기보유특별공제

장기보유특별공제는 토지, 건물, (원)조합원입주권 및 일반주택을 3년 이상 보유한 경우 적용받을 수 있습니다. 3년 보유 시 공제율이 6%이며, 그 이후 보유기간이 1년마다 2%씩 추가됩니다. 최대 15년 이상 보유 시 30%을 공제받을 수 있습니다.

조합원입주권은 당초 보유 중인 주택이 입주권으로 전환되어 소유하게 된 경우만 장기보유특별공제 대상에 해당합니다. 당초 주택의 취득일부터 관리처분계획 인가일까지 기간으로 합니다.

조합원입주권을 소유자로부터 취득하여 3년 이상 보유하다가 양도한 경우 장기보유특별공제 대상에 해당하지 않습니다.

2) 1세대 1주택인 경우 장기보유특별공제

1세대 1주택이고 양도가액인 12억 원 이상인 경우 보유기가과 거주기간이 10년 이상인 경우 장기보유특별공제가 각각 최대 40%씩 적용되어 총 80%을 공제받을 수 있습니다.

1세대 1주택인 경우 장기보유특별공제에서 보유기간에 대한 공제율은 3년 이상 12%부터 매년 4%씩 추가되어 40%을 한도로 공제를 합니다. 거주기간에 대한 공제율은 2년 이상 8%부터 매년 4%씩 추가되어 40%을 한도로 공제를 합니다.

주의할 것이 있습니다. 1세대 1주택자로 장기보유특별공제를 적용받으려면 2년 이상은 거주를 해야 합니다. 그렇지 않으면 일반주택으로 장기보유특별공제를 적용합니다.

3) 장기보유특별공제 표
앞에서 설명한 장기보유특별공제를 표로 정리하면 아래와 같습니다.

보유기간		2년 이상	3년 이상	4년 이상	5년 이상	6년 이상	7년 이상	8년 이상	9년 이상	10년 이상	11년 이상	12년 이상	13년 이상	14년 이상	15년 이상
토지·건물 등		-	6%	8%	10%	12%	14%	16%	18%	20%	22%	24%	26%	28%	30%
1세대 1주택	보유	-	12%	16%	20%	24%	28%	32%	36%	40%	-	-	-	-	-
	거주	8%	12%	16%	20%	24%	28%	32%	36%	40%	-	-	-	-	-

4) 장기보유특별공제를 받을 수 없는 경우
① 미등기전매에 의한 양도
② 다주택자 중과세율 적용이 되는 경우(일시적 2주택은 제외)
③ 조합원으로부터 취득한 조합원입주권을 양도한 경우
④ 국외자산을 양도한 경우

현재 조정대상지역으로 지정된 곳은 서울의 서초구, 강남구, 송파구, 용산구로 4개 지역입니다. 또한 다주택자 중과세율은 한시적으로 유예 조치를 하고 있습니다. 유예 조치는 2025년 5월 9일까지이고 연장 조치를 할지는 지켜봐야 합니다.

다주택자가 조정대상지역에 소재하는 주택을 양도하더라도 장기보유특별공제를 적용받을 수 있습니다.

73.

토지와 건물을 일괄취득 또는 일괄양도하는 경우

주택을 매매할 때 보통 주택에 부수토지가 포함하여 매매를 합니다. 단독주택이나 공동주택의 경우에도 같습니다. 단독주택의 경우 건물분과 부수토지를 구분하여 각각 매매하는 것이 가능합니다.

아파트의 경우에는 건물분과 부수토지를 구분하여 매매하는 것이 안 되기 때문에 부수토지를 포함하여 하나의 거래를 합니다.

상가 등의 경우에는 건물분과 토지를 같이 거래합니다. 매매계약서에 토지와 건물의 가액을 각각 명시하여 매매계약을 하는 경우가 있고, 토지와 건물의 가액을 구분하지 않고 총액을 명시하여 매매계약을 하는 경우도 있습니다.

토지와 주택은 면세이지만, 상가 같은 비주거용 건물은 부가가치세 과세대상입니다. 토지와 건물을 일괄해서 매매계약을 할 때 건물의 가액을 얼마로 정하느냐에 따라 부가가치세와 양도소득세에 영향을 미치게 됩니다.

1) 매매계약서에 토지와 건물의 가액이 구분 기재된 경우

토지와 건물을 함께 취득하거나 양도하면서 매도인과 매수인이 작성한 매매계약서에 토지와 건물의 가액으로 구분 기장한 가액은 실지거래가액으로 합니다.

매매계약서에 토지가액과 건물가액을 구분 표시한 경우 그 가액을 각각의 실지거래가액으로 보는 것입니다.

2) 매매계약서에 토지와 건물의 가액이 구분되지 않고 총액으로 기재된 경우

토지와 건물을 취득하거나 양도할 때 매매계약서에 토지와 건물의 가액을 구분하지 않는 경우 토지와 건물의 가액을 알 수 없습니다.

이 경우에는 감정평가가액, 기준시가, 장부가액, 취득가액 등을 기준으로 안분하여 각각의 실지거래가액을 계산해야 합니다.

주택 매매계약에서는 기준시가로 매매금액을 건물분과 토지분으로 안분합니다.

상가 매매계약서는 매매금액에 건물분의 부가가치세가 포함된 것으로 봅니다. 토지·건물의 기준시가로 매매금액을 안분합니다.

3) 매매계약서에 구분 기재된 가액이 기준시가 등에 의해 안분한 가액과 30% 이상 차이가 나는 경우

매도·매수인 간 토지가액과 건물가액을 합의하여 매매계약서에 기재를 합니다. 매도인과 매수인 입장에서 토지와 건물의 양도가액을 본래 가치에 근거하여 합리적인 가격으로 책정하기 보다 세금 부담을 줄일 수 있는 금액으로 책정하고 싶어합니다.

총매매가액에서 토지와 건물의 가액을 조정하여 세금을 조절하는 상황이 발생할 수 있습니다.

세법에 이를 방지하기 위한 규정을 두고 있습니다. 토지와 건물 등을 함께 취득하거나 양도한 경우로서 그 토지와 건물 등을 구분하여 기재한 가액이 감정가액, 기준시가 등으로 안분 계산한 가액과 30% 이상 차이가 나는 경우에는 토지와 건물의 구분기장이 불분명한 것으로 보고 감정가액, 기준시가, 장부가액 등을 기준으로 안분한 가액을 실지거래가액으로 봅니다.

74.

교환거래를 한 경우 양도소득세

부동산을 거래할 때 부동산 양도대가로 금전을 지급하는 것이 당연하지만, 현물로 지급하는 경우도 있습니다. 현물 중에 부동산을 양도대가 지급하는 경우 이는 부동산을 교환거래를 하는 것이 됩니다.

부동산을 교환하는 거래를 하는 경우 양도소득세는 어떻게 될까요?

1) 교환을 한 것이 양도에 해당하는지?

양도란 자산에 대한 등기 또는 등록과 관계없이 매도 등을 통하여 그 자산을 유상으로 사실상 이전하는 것을 말합니다.

예를 들어 부동산을 서로 교환하는 것은 부동산 A을 이전하면서 부동산 B을 취득하는 것으로, 유상으로 거래로 양도에 해당합니다.

2) 교환거래의 양도차익 계산과 시가 산정

양도소득세는 양도가액에서 필요경비를 차감하여 양도차익을 계산합니다. 부동산을 양도하는 경우 매매대금이 양도가액입니다.

다만, 특수관계인 간의 거래에 해당하고, 해당 자산의 매매가액이 시가보다 5% 이상 차이가 나는 경우 부당행위계산 부인 규정이 적용됩니다.

교환거래의 경우 시가를 산정하기가 어려운 점이 있습니다. 시가를 알기 어려운 경우 감정평가를 받아 시가를 적용하면 됩니다.

3) 교환거래를 취득한 자산의 양도가액과 취득가액은?

자산을 교환하는 거래를 하는 경우 양도가액과 취득가액은 어떻게 될까요? 차액을 정산하지 않는 경우와 차액을 정산하는 경우 구분할 수 있습니다.

전자의 경우는 두 자산의 시가가 같기 때문에 거래가 간단합니다. 후자의 경우 양도인이 본인 소유의 자산을 이전하면서 차액금을 지급하는 경우 이전하는 자산의 시가와 차액금을 합산한 금액이 양도가액이라고 생각할 수 있습니다. 본인 소유 자산의 시가가 양도가액입니다.

교환거래는 양도와 취득을 같이하는 거래입니다. 보통의 거래에서 매도인 갑은 양도를 하고, 매수인은 취득을 합니다. 그러나 교환거래에서 갑은 양도를 하고 취득을 하며, 을도 양도를 하고 취득을 합니다.

4) 아파트 교환거래 사례

예를 들어 갑 소유의 아파트 A의 취득가액은 10억 원이고 시가는 18억 원입니다. 을 소유의 아파트 B의 취득가액은 12억 원이고 시가는 20억 원입니다. 갑과 을은 아파트를 교환하면서 갑이 아파트 시가의 차액인 2억 원을 을에게 지급하기로 하는 아파트 교환 계약을 맺었습니다.

(1) 갑의 경우

갑은 교환계약에 따라 을에게 아파트 A을 이전하면서 2억 원을 지급하고 아파트 B을 인수합니다. 양도가액은 18억 원(아파트 B 20억 원 - 2억 원)이고, 취득가액이 10억 원이므로 양도차익은 8억 원입니다. 갑이 교환거래로 취득한 아파트 B의 취득가액은 20억 원(아파트 A 18억 원 + 2억 원)입니다.

(2) 을의 경우

을은 교환계약에 따라 갑에게 아파트 B을 이전하면서 2억 원을 수취하고 아파트 A을 인수합니다. 양도가액은 20억 원(아파트 A 18억 원 + 2억 원)이고, 취득가액이 12억 원이므로 양도차익은 8억 원입니다. 을이 교환거래로 취득한 아파트A의 취득가액은 18억 원(아파트 B 20억 원 - 2억 원)입니다.

75.

매매계약 특약으로 잔금청산 전에 주택을 멸실하면 주택을 양도한 것일까요?

주택을 양도하는 계약을 하면서 특약으로 잔금청산을 하기 전에 주택을 멸실하는 특약을 하는 경우가 있습니다. 매수인 입장에서 토지에 신축할 목적이라 해당 주택의 토지만 필요하기 때문입니다.

매수인이 주택을 취득한 후에 주택을 멸실하는 경우가 있고, 매도인이 주택을 멸실하고 양도하는 경우가 있습니다. 전자의 경우는 매도인이 주택을 양도한 것이기 때문에 문제가 없고, 후자의 경우는 매도인이 잔금청산 전에 주택을 멸실했기 때문에 주택을 양도한 것인지 토지를 양도한 것인지 불분명합니다.

1) 종전 유권해석 기준(과거 기준)

종전 기준은 매매계약 당시 주택이면 잔금청산일 전에 매도인이 주택을 멸실해도 주택을 양도한 것으로 간주했습니다.

매도인이 1세대 1주택자 요건을 충족하여 해당 주택을 양도하면서 멸실을 해도 주택을 양도로 양도소득세 비과세를 받을 수 있었습니다.

2) 개정된 유권해석 기준(현재 기준)

국세청은 종전 유권해석을 변경하여 매매계약일이 아니고 잔금청산일을 기준으로 적용하기로 했습니다.

1세대 1주택자 요건을 충족하는 매도인이 매매계약을 체결하고 해당 주택을 양도하면서 잔금청산일 전에 주택을 멸실하면 주택이 아닌 토지를 양도한 것이 됩니다.

3) 주의할 점

만일 1세대 1주택 요건을 충족하는 매도인이 매매계약을 체결하고 실수로 잔금청산일 전에 주택을 멸실하면 어떻게 될까요?

① 1세대 1주택자 양도소득세 비과세 적용이 배제됩니다.
② 장기보유특별공제는 토지로 적용합니다.
③ 과세양도차익이 클수록 세율은 높아집니다.

76.

양도소득에 대한 개인지방소득세
(종전 소득할 주민세)

양도소득세는 소득세로서 국세에 해당합니다. 납세자가 양도소득세만 신고납부를 하는 것으로 마무리되지 않습니다. 지방세도 신고납부를 해야 합니다. 과거에 국세의 10%을 주민세로 납부했던 것을 지방자치단체에 지방소득세를 신고납부 해야 합니다.

1) 납세의무자
지방소득세의 납세의무자는 양도소득세의 납세의무가 있는 자입니다.

2) 납세지
지방소득세는 국세와는 달리 납세의무 성립 당시 주소지가 납세지입니다.

예를 들어 아파트를 양도할 때 주소지가 서울이었습니다. 해당 아파트를 양도하고 경기도로 이사를 한 경우 경기도가 해당 아파트 양도건의 지방소득세 납세지가 아니고, 서울이 지방소득세의 납세지가 됩니다.

3) 비과세

지방소득세도 비과세 규정이 있습니다. 양도소득세가 비과세되는 소득에 대해서 지방소득세도 비과세를 적용받을 수 있습니다.

4) 과세표준

지방소득세의 과세표준은 양도소득세의 과세표준과 동일한 금액입니다.

5) 세율

지방소득세의 세율은 양도소득세처럼 누진세율을 기본으로 합니다. 세율은 0.6%~4.5%입니다. 해당 과세기간의 양도소득세의 10%입니다. 단기양도로 단일세율이 적용되는 경우도 이와 동일합니다.

6) 예정·확정신고

지방소득세의 예정신고와 확정신고 기한은 양도소득세 예정신고기한에 2개월을 더한 날입니다. 지방소득세의 확정신고 기한도 양도소득세 확정신고기한에 2개월을 더한 날까지입니다.

예를 들어 4월에 주택을 양도한 경우 양도소득세 예정신고기한은 6월 30일까지입니다. 지방소득세 예정신고기한은 양도소득세 예정신고기한에 2개월을 더한 8월 31일까지입니다.

지방소득세는 전국 지방자치단체에 신고가 가능합니다.

7) 신축 등 가산세

신축·증축한 건물을 취득일부터 5년 이내에 양도하는 경우로서 감정가액 또는 환산취득가액을 그 취득가액으로 하는 경우 가산세 0.5%를 부과합니다.

환산취득가액 가산세 = 감정가액 또는 환산취득가액(건물분)의 0.5%

77.

양도소득 기본공제

양도소득이 있는 거주자에 대해서는 해당 과세기간의 양도소득금액에서 연 250만 원을 공제합니다.

양도소득금액이 양도소득 기본공제보다 작은 경우 과세표준이 '0' 이하이므로 양도소득세가 없습니다. 양도소득세가 과세되는 최소한의 금액이 250만 원으로 기준하는 것으로 이해할 수 있습니다.

1) 양도소득 기본공제 대상
① 부동산등
② 주식등
③ 파생상품 등
④ 신탁 수익권

국내외 주식에서 양도소득이 있는 경우 소득을 합산하여 계산하기에 기본공제 연 250만 원을 적용합니다. 국내주식과 국외주식에서 각각 기본공제를 적용하지 않습니다.

2) 연 2회 이상 양도한 경우

같은 그룹의 자산을 연중 2회 이상 양도하였을 경우에는 먼저 양도한 자산의 양도소득금액에서부터 공제합니다.

3) 양도소득세 과세되는 자산과 감면되는 자산을 같이 양도한 경우

과세소득과 감면소득이 있는 경우 양도소득기본공제는 과세소득금액에서 먼저 공제하고, 미공제분은 감면소득금액에서 공제합니다.

4) 세율이 다르게 적용되는 자산을 같이 양도한 경우

세율이 서로 다르게 적용되는 경우로서 어느 부동산을 먼저 양도하였는지의 여부가 불분명한 경우에는 납세자에게 유리하다고 판단되는 양도자산의 양도소득금액에서부터 순차로 공제합니다.

5) 양도소득세가 감면되는 자산들을 같이 양도한 경우

감면율이 다른 자산을 같은 날 양도하는 경우 양도소득기본공제는 감면율이 낮은 양도소득금액에서 먼저 공제합니다.

78.

개인사업자의 법인전환과 양도소득세 이월과세

개인사업자가 법인전환을 이유는 다양합니다. 대표적인 이유가 절세 목적입니다. 개인사업자의 세율은 6%~45%이고, 법인은 9%~24%입니다.

과세표준 2억 원 이하인 경우 법인세율은 9%이지만, 종합소득세율은 38%의 한계세율이 적용됩니다. 과세표준이 200억 원 이하인 경우 법인은 9%~19%이지만, 개인사업자는 과세표준이 10억 원을 초과하는 구간은 최고세율 45%가 적용됩니다. 지방소득세까지 포함하면 49.5%로 거의 절반을 세금으로 납부해야 합니다.

1) 법인전환의 이유 - 세금 중심

구분	개인사업자	법인
세율	6%~45%	9%~24%
상속·증여	상속세 부담이 큼	법인 지분 등을 활용가능

매출이 큰 경우	세무조사 가능성 있음	매출이 같아도 개인사업자에 비해 가능성이 낮음
대외 신용도	사업자 개인의 신용	대외 신용도가 높음 (투자유치에 유리함)

예를 들어 매출과 비용이 아래와 같고 간단하게 과세표준만 고려한 경우 종합소득세와 법인세를 비교하면 다음과 같습니다.

① 매출 1억 원이고, 비용 5천만 원으로 과세표준이 5천만 원인 경우 종합소득세는 624만 원이고, 법인세는 450만 원입니다.
② 매출 2억 원이고, 비용이 1억 원인으로 과세표준이 1억 원인 경우 종합소득세는 1,956만 원이고, 법인세는 900만 원입니다.

2) 개인사업자의 법인전환 시기

개인사업자가 법인전환을 하는 시기는 성실신고확인 대상자가 되기 전입니다. 영위하고 있는 업종에 따라 다음과 같은 당해연도 총수입금액을 기준으로 성실신고확인 대상자 여부를 판단합니다.

① 도소매업의 경우 15억 원
② 제조업, 음식점업의 경우 7억 5천만 원
③ 부동산임대업, 서비스업의 경우 5억 원

3) 개인사업자의 법인전환 방법

(1) 법인설립 후 개인사업자 폐업

개인사업자의 사업 규모가 작고 부동산 자산이 없으며, 거래처가 많지 않을 때 사용할 수 있는 방법입니다.

이 방법은 법인전환 세금 문제가 가장 단순한 방법입니다.

(2) 법인사업자와 개인사업자 간 포괄양수도를 통한 법인전환

개인사업자가 사업에 사용하던 순자산을 법인에 현금을 받도 양수도하여 법인으로 전환하는 방식입니다. 즉 두 사업자 간의 계약을 통해 개인사업자의 자산과 권리 등을 법인으로 이전하는 것입니다.

이 방법은 현물출자 방법에 비교하여 법인전환 절차는 다소 간소하나 설립 시 자본금을 현금으로 마련해야 하는 부담이 있습니다.

(3) 개인사업자가 현물출자를 통한 법인설립

현물출자란 부동산, 동산 등 금전 이외의 재산을 법인의 자본금으로 출자하는 것을 의미합니다. 현물출자에 의한 법인전환은 개인사업자의 금전이 아닌 재산으로 출자를 하여 법인사업자로 전환하는 것입니다.

4) 개인사업자의 부동산과 양도소득세 이월과세

개인사업자가 사업용으로 취득한 부동산을 법인전환할 때 양도소득세가 과세됩니다. 부동산을 취득 당시 5억 원이고, 법인전환할 때 10억 원이면, 개인사업자는 법인전환할 때 사업용부동산을 10억 원에 법인에게 양도하는 것입니다.

개인사업자는 법인전환을 하면서 5억 원의 양도차익을 얻게 되어 양도소득세를 신고납부해야 합니다. 법인전환은 개인사업자의 구조조정 방법으로 법인을 설립하여 사업을 영위하는 것을 유인하는 것인데, 법인전환 시 양도소득세를 부담해야 한다면 개인사업자는 법인전환 하는 것에 부정적일 것입니다.

그래서 세법은 개인사업자가 법인전환 하는 것을 장려하기 위해 양도소득세 과세대상인 사업용고정자산을 현물출자 등을 통하여 법인에게 이전하는 경우 양도소득세를 이월과세하여 유보합니다.

법인전환 시 개인사업자에게 양도소득세를 과세하지 않고, 설립된 법인이 해당 사업용고정자산을 양도했을 때 이월된 양도소득세를 법인세로 과세합니다.

79.

부동산의 취득가액을
알 수 없는 경우 취득가액은?

양도소득세는 자본이득에 대한 세금으로, 양도가액에서 필요경비를 차감하여 계산합니다. 필요경비는 취득 당시 매매가액에 취득부대비용, 자본적지출 그리고 기타필요경비(양도비용, 공인중개사비용 등)를 합산한 금액입니다.

부동산의 취득가액을 모르는 경우가 있습니다. 이 경우 취득가액을 어떻게 해야 할까요?

1) 매매계약서를 분실한 경우

부동산을 취득하여 보유한 기간이 오래된 경우 취득 당시 매매계약서를 분실한 경우가 있습니다. 2006년 부동산실거래가 신고제도가 도입되어 취득가액을 모르는 경우가 없지만, 그 이전에 취득해서 보유하다가 이사 등이나 사정으로 해당 서류들을 분실한 경우가 있습니다.

2) 건물을 신축한 경우

건물을 신축하는데 건축주가 개인인 경우 건축비용에 대한 증빙을 정리하여 보관하는 경우는 흔치 않습니다. 건축 규모가 작은 경우 시공사로부터 영수증 수취 없이 비용을 지급하는 경우가 많습니다. 신축한 지 오래된 경우에는 공사비에 관한 자료가 없는 경우가 대부분입니다.

3) 상속이나 증여로 취득한 경우

상속이나 증여로 취득한 자산은 상속·증여로 해당 자산을 시가로 취득한 것입니다.

예를 들어 주택을 상속받은 경우 상속개시일에 해당 주택을 시가로 상속받은 것입니다. 주택을 증여받은 경우에는 증여일에 해당 주택을 시가로 증여받은 것입니다.

피상속인의 사망으로 주택을 상속받을 때 상속재산가액이 상속공제보다 작으면 상속세가 없으니 상속세 신고를 하지 않는 경우가 있습니다.

상속세는 관할 세무서에서 상속세를 결정해야 확정이 됩니다. 상속세를 신고하지 않은 경우 관할 세무서에 납세자의 신고내용이 없기 때문에 상속세를 결정하지 않은 채 방치되고 있을 수도 있습니다. 즉 상속재산가액의 정보를 알 수 없습니다.

4) 시가

부동산에 대한 평가기준일인 상속·증여일 전후 6개월 내(증여는 전 6개월 내, 후 3개월 내) 매매사례가액이 있으면 그 가액을 시가로 봅니다.

상속·증여재산이 아파트인 경우로 시가가 없는 경우 해당 아파트의 면적·위치·용도·종목 및 기준시가가 동일·유사한 다른 아파트의 매매가액이 있으면 유사매매사례가액을 시가로 적용할 수 있습니다.

5) 시가가 없는 경우

매매사례가액도 없고, 유사매매사례가액도 없는 경우에는 기준시가(토지의 경우에는 개별공시지가, 건물의 경우에는 별도로 규정하는 방법에 의한 금액)를 적용할 수밖에 없습니다.

매매나 신축의 경우 기준시가로 환산하여 취득가액을 계산합니다. 상속이나 증여의 경우 기준시가를 취득가액으로 합니다.

5) 주의사항

양도소득세를 줄이려고 기준시가로 취득가액을 환산하여 양도소득세를 신고하는 경우가 있습니다. 취득일이 1990년 후반이나 2000년 초반의 경우 관할 세무서에서 취득 당시 기존 매도인이 양도소득세를 신고했던 세무서에 매매계약서를 확인 요청하여 취득가액이 확인되는 경우가 있으니 주의해야 합니다.

또한 신축한지 5년 이내 취득가액을 기준시가로 환산하여 양도소득세를 신고납부하는 경우 가산세를 부과합니다.

80.

임야(또는 임지)와 입목(임목)을
일괄 양도하는 경우 양도가액은 어떻게 구분할까?

임야, 임지, 입목, 임목 등 산과 나무 관련 용어들이 있습니다. 이 용어들은 서로 비슷하기도 하고 구분 없이 섞어 쓰기도 합니다.

보통 양도소득세에서 사용하는 용어는 임지와 임목 그리고 임야입니다.

1) 임야, 임지, 입목, 임목 등의 용어

① "입목"이란 지방세법에서 지상의 과수, 임목과 죽목을 말합니다. 입목에 관한 법률에서는 토지에 부착된 수목의 집단으로서 그 소유자가 이 법에 따라 소유권보존의 등기를 받은 것을 말합니다.

② "임목"이란 산림임업용어사전에서 종자나 묘목에서 자라서 성립된 살아 있는 나무를 말하며, 임업의 자본재 중에서 노동의 대상인 동시에 임업경영의 기본 대상이 됩니다.

③ "임야"란 공간정보관리법에서 산림 및 들판을 이루고 있는 숲, 암석지, 자갈땅, 모래땅, 습지, 황무지 등의 토지를 말합니다.

④ "임지"란 산림임업용어사전에서 현재 임목이 성립하고 있는 토지 또는 임업적으로 산림생산용 토지 또는 임업대상의 토지를 말합니다.

⑤ "산지"란 산지관리법에서 아래의 어느 하나에 해당하는 토지를 말합니다.
- 지목이 임야인 토지
- 임목·대나무가 집단적으로 자라고 있는 토지
- 집단적으로 자란 임목·대나무가 일시적으로 없어지게 된 토지
- 임목·대나무를 집단적으로 키우는 데에 사용하게 된 토지
- 임도, 작업로 등 등산길
- 위의 토지 않에 있는 암석지 및 소택지

⑥ "산림"이란 산림자원법에서 산지와 산지에서 자라고 있는 임목·대나무 등을 함께 이르는 말입니다.

2) 임목의 사업소득세 비과세

조림기간이 5년 이상인 임목의 벌채 또는 양도로 발생하는 소득금액으로서 연 600만 원 이하인 금액에 대해서는 사업소득세를 비과세합니다.

3) 임목과 임지를 함께 양도 - 임목을 따로 구분 가능

임목이 임지와 함께 양도된 경우 임목의 양도로 발생하는 소득이 사업소득에 해당하는 경우에는 임목의 양도로 발생하는 소득을 제외한 나머지 소득만이 임지의 양도에 따른 양도소득세 과세대상에 해당합니다.

4) 임목과 임지를 함께 양도(조림하지 않은 경우)

임목이 임지와 함께 양도됐더라도 임목을 생산하기 위한 조림활동이 없었거나 조림활동이 있었더라도 거기에 사업성이 인정되지 아니하는 경우에는 임목이 임지와는 별도의 거래 대상이 됐다고 볼 만한 특별한 사정이 없는 한 그 양도로 발생하는 소득 전부가 양도소득세 과세대상에 해당합니다.

81.

공매(경매)로 집이 넘어갔는데 양도소득세를 내야 할까?

납세자가 부동산을 소유하고 있는데, 경제적인 사정 등으로 세금을 체납하는 경우 그 부동산이 압류될 수 있습니다. 그래도 세금을 납부하지 않으면, 압류한 그 부동산을 경매나 공매로 처분이 될 수 있습니다.

부동산이 경매나 공매로 처분이 되는 경우 양도소득세 신고납부를 해야 할까요?

1) 세금을 체납하면 부동산이 압류될 수 있다

납세자가 세금을 체납하면 과세관청은 납세고지서를 발송합니다. 납세고지서의 납부기한까지 납부가 되지 않으면, 독촉을 합니다.

그 독촉기한까지 체납 세금이 납부되지 않으면 납세자의 재산 압류를 합니다.

2) 공매로 부동산이 처분되는 경우 양도에 해당한다

납세자의 부동산이 압류가 된 경우 과세관청은 압류한 부동산을 처분하기 위해 한국자산관리공사에 촉탁을 합니다. 한국자산관리공사는 해당 부동산을 공매로 매각에 착수합니다.

해당 부동산이 처분된 경우 체납처분비와 체납 세금, 가산금에 충당하고 남은 금액이 있는 경우 납세자에게 지급합니다.

3) 양도소득세 신고납부를 하지 않으면?

공매로 부동산이 처분되는 경우 이는 양도에 해당 합니다. 이러한 경우 납세자가 양도소득세 신고를 하지 않는 경우가 많습니다. 해당 부동산이 공매로 처분될 때 체납된 세금이 해결되었고, 공매대금을 수령한 적이 없기 때문입니다.

부동산이 공매로 처분되면서 낙찰된 금액에 체납처분비가 먼저 충당되고 체납된 세금이 충당되면서 해결이 되었지만, 공매에 따른 양도소득세를 잊지 말고 신고납부를 해야 합니다.

만일 공매에 따른 양도소득세를 무신고를 하고 방치하면 관할 세무서에서 양도소득세를 신고납부 하지 않았다는 안내문을 발송합니다. 납세자가 기한 후 신고납부를 하지 않으면 관할 세무서는 체납 절차를 진행됩니다.

82.

한정승인과 양도소득세

피상속인의 사망으로 상속이 개시됩니다. 상속이 개시되면 상속인은 피상속인의 상속재산을 공동으로 상속합니다. 피상속인의 특정재산만 골라서 상속하는 것이 아니라 자산과 부채를 포괄적으로 상속합니다.

1) 한정승인과 상속포기

피상속인의 부채가 자산보다 클 경우 상속인은 상속을 받지 않는 것이 유리합니다. 이 경우 상속인 중 1명이 한정승인을 받고 나머지 상속인은 상속포기 신청을 합니다.

한정승인과 상속포기는 상속개시일로부터 3개월 이내에 가정법원에 신청을 해야 합니다.

한정승인이 결정되면, 가정법원은 채권자에게 한정승인 결정 사실을 통지합니다.

2) 한정승인과 부동산 처분

한정승인이 진행이 되면 상속으로 취득할 재산으로 피상속인의 채무를 변제를 합니다. 한정승인 대상 재산 중에 부동산이 있는 경우 이 부동산을 경매로 환가하여 채권자에게 배당을 합니다.

이 과정에서 부동산을 경매로 처분한 것은 양도에 해당하므로 양도소득세가 있을 수 있습니다.

3) 한정승인과 양도소득세

한정승인에 따라 상속인이 부담하는 양도소득세는 취득가액과 경매로 처분될 때 경매가액에서 양도차익이 발생 여부에 따라 다릅니다. 상속인은 상속개시일 기준으로 피상속인의 부동산을 취득하여 경매로 양도합니다.

취득가액으로 경매가 된다면 취득가액과 양도가액이 같아서 양도차익이 없습니다. 만일 양도차익이 있다면 한정승인자는 양도소득세를 신고·납부해야 합니다.

양도소득세는 한정승인자의 세금입니다. 또한 상속으로 취득하는 부동산의 취득세도 한정승인자가 부담하는 세금입니다.

83.

종중, 종교단체 등 비영리단체와 양도소득세

종중과 종교단체 등의 비영리단체가 부동산을 처분하는 경우 양도소득세는 어떻게 될까요? 비영리단체는 비영리법인이 있고 법인이 아닌 비영리단체가 있습니다.

비영리법인은 부동산을 처분하는 경우 자산양도차익에 대해 법인세를 부담합니다. 사업소득이 없는 비영리법인은 양도소득세 계산방식을 준용하여 법인세로 납부할 수 있습니다. 전자나 후자의 방식 중에 선택해서 법인세를 납부할 수 있습니다.

1) 자산 양도차익을 법인세를 납부

비영리법인이 부동산 등 자산 양도차익을 각 사업연도소득금액에 반영하여 법인세를 신고납부 합니다. 내국법인은 국내·외 모든 소득에 대해 법인세를 부담합니다.

2) 양도소득세 계산방식을 준용하여 법인세를 납부

비영리법인이 도소매업 같은 수익사업을 하는 경우가 있고 수익사업 없이 순수하게 고유목적사업만 하는 경우가 있습니다.

수익사업이 없는 비영리법인은 부동산을 처분하여 얻은 차익에 대해 양도소득세 계산방식을 준용하여 법인세를 특례 신고할 수 있습니다. 이는 납세절차를 간소화하기 위함입니다.

양도차익에서 장기보유특별공제를 차감하고, 양도소득기본공제를 적용하여 과세표준을 계산합니다. 그 과세표준에 양도소득세율을 곱하여 계산된 산출세액을 법인세로 납부합니다.

3) 법인격이 없는 단체의 양도소득세는?

법인격이 없는 비영리단체는 둘로 구분합니다. 법인격이 없지만 법인으로 보는 단체와 그 외의 기타 단체로 구분합니다.

(1) 법인격이 없지만 법인으로 보는 단체

세법은 법인격이 없는 사단, 재단, 기타 단체 등 요건을 충족하지만 등기되지 않는 단체는 법인으로 의제합니다. 즉 비영리법인으로 세법을 적용합니다.

(2) 법인으로 보지 않는 단체지만 세무서장 승인을 받은 단체

위 (1) 외에 단체 중 일정 요건을 갖추어 단체의 대표자가 관할 세무서장에게 비영리법인으로 세법을 적용받을 것을 신청할 수 있습니다.

관할 세무서장에게 승인을 받으면 비영리법인으로 세법이 적용됩니다.

4) 종중이나 교회는? 양도소득세는?

종중이나 교회는 비영리법인일 수도 있고 아닐 수도 있습니다.

종중 등이 보유한 부동산을 처분한 경우 종중이 비영리법인이면 법인세를 부담하고, 비영리법인이 아니면 개인으로서 양도소득세를 부담합니다.

비영리법인이 고유목적사업에 직접 사용한 자산 양도소득에 대해 법인세를 면제합니다. 비과세 혜택을 받으려면 3년 이상 고유목적사업에 직접 사용해야 합니다.

84.

매매계약 해제와 양도소득세

매도인과 매수인이 부동산 매매계약을 체결하면, 매수인은 매도인에게 매매대금을 지급하고 매도인은 부동산을 매수인에게 이전합니다.

매매계약이 이행 중에 거래당사자의 어떤 사정에 의해 매매계약이 해제되는 경우가 있습니다. 그러면 양도소득세는 어떻게 될까요?

1) 법정해제와 약정해제 및 합의해제

해제의 종류는 법정해제와 약정해제 및 합의해제가 있습니다.

(1) 법정해제

법정해제는 이행불능 등을 요건으로 하여 행사할 수 있도록 법률이 정한 해제권입니다. 예를 들어 잔금일에 매수인이 잔금을 지급하지 않는 경우.

(2) 약정해제

약정해제는 당사자들이 계약을 하면서 해제할 수 있는 것으로 약정하여 발생하는 해제를 말합니다. 예를 들어 계약금만 지급한 상태에서 계약을 해제할 것을 요구하는 경우.

(3) 합의해제

합의해제는 당초 약정된 해제권의 행사가 아니고, 당사자 일방의 채무불이행을 요건으로 한 법정해제도 아닙니다. 당사자 쌍방이 계약을 해제하기로 합의한 새로운 계약입니다.

2) 매매계약을 해제

해제권은 유효하게 성립한 계약의 효력을 당사자 일방의 의사표시에 의하여 그 계약이 처음부터 있지 않았던 것과 같은 상태로 복귀시키는 권리입니다.

매도인과 매수인이 매매계약을 체결한 이후 계약을 이행 중에 합의해제를 할 수 있습니다.

주택 매매계약을 체결하고 매수인이 매도인에게 계약금만 지불한 상태에서 매도인이나 매수인이 계약을 해제한 경우 이 해제는 약정해제에 해당합니다.

이 경우 매도인이 약정해제한 경우 매수인이 지급한 계약금과 그 동인한 금액을 매수인에게 지급합니다. 매수인이 약정해제한 경우 매도인에게 지급한 계약금을 포기한 것으로 마무리합니다. 양도에 해당하지 않아서 양도소득세 문제가 없습니다.

그러나 매매계약에서 중도금을 지급하고 잔금청산을 하기 전에 합의해제한 경우 또는 잔금까지 지급하고 나서 합의해제한 경우에는 양도소득세가 어떻게 될까요?

경우 양도소득세 과세대상 자산이 양도에 해당하는지 여부는 매매계약의 이행 완료 여부, 양도소득세 납세의무의 성립 여부, 양도소득세 부과처분의 유무, 계약을 소급적으로 소멸시킬 객관적 사정 변경 또는 부득이한 사유의 유무, 합의해제의 동기 및 의도 등을 종합적으로 검토하여 판단하는 것이 타당합니다.

3) 중도금이나 잔금까지 지급된 상태에서 합의해제를 하면 양도소득세는?

(1) 중도금까지 지급하고 합의해제한 경우

중도금까지 지급된 상태에서 매매계약을 해제하기로 합의를 한 경우에는 양도소득세가 성립되지 않았으므로 양도소득세 문제가 없습니다. 잔금을 지급했을 때 양도소득세 신고납부의무가 발생합니다.

(2) 잔금까지 지급하고 합의해제한 경우

매매계약에 따른 잔금까지 지급된 경우 매도인은 양도소득세 신고납부 의무가 있습니다.

합의해제로 당초 부동산 매매계약을 취소하기로 했지만, 당초 매매계약은 적법하기 때문에 이 계약을 취소하려는 사유가 정당해야 합니다. 합의해제를 무한정 허용하면 양도 후 양도소득세를 회피할 목적으로 이용할 수 있기 때문입니다.

해당 매매계약에 대한 합의해제 하려는 사유가 적법한지는 아래의 사항들을 종합적으로 검토하여 판단합니다.

① 양도로 볼 수 있을 정도로 매매계약이 이행 완료 여부
② 계약을 소급적으로 소멸시킬 객관적 사정 변경 또는 부득이한 사유의 유무
③ 부당행위로 조세부담을 부당하게 감소시키려는 의도 여부

85.

양도소득세와 감가상각비

사업자가 사업용에 사용할 목적으로 건축물이나 기계장비 등을 취득하기 위해 지출한 금액은 당해 사업연도에 전액 비용으로 처리하지 않고 일정 기간에 안분하여 비용처리합니다. 이를 감가상각이라고 합니다.

개인사업자는 상가나 주택을 임대하면서 건축물 부분을 감가상각비로 비용계상하여 종합소득세에 반영할 수 있습니다.

개인사업자가 임대용부동산을 양도할 때 종합소득세를 신고할 때 비용으로 반영했던 감가상각비는 어떻게 해야 할까요?

1) 양도소득세 필요경비

양도차익을 계산할 때 필요경비는 해당 자산의 취득 당시 매매가액, 자본적 지출액, 취득부대비용, 양도비용입니다.

개인사업자가 임대목적으로 취득하는 부동산의 취득가액은 취득 당시 매매가액, 취득부대비용, 자본적지출액입니다.

상가와 같은 부가가치세 과세대상 자산을 취득하는 경우 취득비용으로 지출한 부가가치세(건물분)는 매입세액공제로 부가가치세 신고에서 공제를 받습니다. 해당 자산을 양도할 때 건물분의 부가가치세는 필요경비에서 제외합니다.

2) 임대용 건물의 감가상각비는 양도소득세 필요경비에서 차감해야 한다

양도차익을 계산할 때 해당 자산의 취득가액을 필요경비로 합니다.

그런데 개인사업자가 종합소득세 신고에서 건축물 부분을 감가상각비로 계상한 경우 종합소득세에서 이미 필요경비로 반영한 것입니다. 이를 양도차익을 계산할 때 필요경비로 반영하는 것은 비용을 2번 반영하는 것입니다. 해당 자산의 비용은 1번만 반영해야 합니다.

그러므로 종합소득세에 반영한 감가상각비는 양도차익을 계산할 때 해당 자산의 취득가액에서 반드시 차감해야 합니다.

3) 종합소득세 신고 시 감가상각을 안 할 수 있다

개인사업자의 임대용부동산을 종합소득세 신고 시 감가상각을 꼭 해야 되는 것은 아닙니다. 개인사업자가 선택할 수 있습니다. 감가상각을 안 하면 임대소득에서 감가상각비만큼 비용이 반영되지 않아 종합소득세 부담이 증가합니다.

그러나 장기일반임대주택 임대소득에 대해 세액감면을 받는 경우 감가상각비를 계상하여 종합소득세 신고에 반영해야 합니다.

4) 종합소득세 신고 시 감가상각비를 반영하고, 양도소득세에서 이를 차감하지 않은 경우

개인사업자의 임대용부동산을 종합소득세 신고 시 건축물 부분에 대해 감가상각을 하여 종합소득세에 비용으로 반영했습니다.

해당 자산을 양도할 때 해당 감가상각비를 취득가액(필요경비)에서 차감하지 않고 양도소득세를 신고한 경우 과세관청에서 수정신고 안내문을 납세자에게 발송합니다.

납세자는 해당 양도 자산의 취득가액(필요경비)에서 감가상각비를 차감하여 양도소득세를 재계산하고 양도소득세 추가납부와 신고불성실가산세 및 납부지연가산세를 부담해야 합니다.

86.

건물(임대부동산) 임대수익률 계산

비주거용 건물과 토지 및 임대목적 주택을 소유하는 것은 임대수익을 얻는 것이 목적입니다.

수익목적으로 부동산을 취득해서 임대하는 것이기 때문에 매년 임대수익률을 유지하는 것이 중요합니다.

1) 임대수익과 비용지출액 계산

임대수익률을 계산하기 위해서는 연간 임대료 수입과 비용지출액을 계산해야 합니다.

① 임대료 수입액 계산: 건물을 임대하면서 수취한 임대료 총액입니다.
② 비용지출액 계산: 건물을 임대하기 위해 지출한 비용으로, 관리비·직원 인건비·공과금·보유세·건물 수선비 등을 계산합니다.
③ 지급 이자 계산: 건물을 취득하기 위해 자기 자금 외에 차입금(은행

등)이 있는 경우 지급 이자를 계산합니다.

2) 임대수익률 계산

건물 임대수익률은 투자금 대비 얻는 연간 임대소득의 비율입니다. 투자금은 해당 임대부동산을 취득할 때 지출한 금액입니다. 예를 들어 매매가액이 10억 원이고, 임대보증금 총액이 5억 원이면 투자금은 5억 원입니다.

$$임대수익률 = \frac{(임대료수입액 - 비용지출액 - 지급이자)}{투자금}$$

예를 들어 연간 임대료와 비용 등 다음과 같다면 임대수익률은 다음과 같이 계산할 수 있습니다.

① 임대료 총액 4,800만 원(월 400만 원 × 12개월)
② 관리비와 공과금 등 비용지출액 총 1,100만원
③ 지급이자 총 1,200만 원

임대이익 2,500만 원 = 4,800만 원 - 비용지출액 1,100만 원 - 지급이자 1,200만 원

임대수익률 2,500만 원 ÷ 50,000만 원 = 연 5%

3) 기회비용

임대를 하기 건물을 취득하면서 지출한 자금을 다른 곳에 투자하면 최소한 정기예금 이자를 얻을 수 있습니다. 투자를 잘 하면 그 이상을 얻을 수도 있습니다.

건물을 취득하기 위해 다른 투자 기회를 포기한 것으로, 이를 기회비용이라고 합니다. 기회비용은 회계에서 비용으로 반영하지는 않습니다. 경제학에서는 이윤을 계산할 때 기회비용을 반영해서 계산합니다.

위의 사례에서 임대이익이 2,500만 원이고 기회비용도 2,500만 원이면 경제적이익이 '0'으로 최소한의 이익을 얻고 있음을 뜻합니다. 만일 임대이익이 기회비용인 2,500만 원보다 작다면 경제적 이익에도 미치지 못하고 있음을 뜻합니다.

4) 임대이익이 기회비용보다 커야 한다.

임대료수입액에서 비용지출액과 지급이자를 차감한 임대이익이 기회비용보다 커야 임대를 하는 것이 의미가 있다고 할 수 있습니다.

임대이익이 기회비용가 같다면 굳이 건물을 취득해서 임대를 할 요인이 없다고 할 수 있습니다. 투자금을 은행에 예치만 해도 같은 금액에 해당하는 이자수익을 얻을 수가 있기 때문입니다.

정셈의
양도소득세 절세 전략

ⓒ 정한영, 2025

초판 1쇄 발행 2025년 12월 1일

지은이	정한영
펴낸이	이기봉
편집	좋은땅 편집팀
펴낸곳	도서출판 좋은땅
주소	서울특별시 마포구 양화로12길 26 지월드빌딩 (서교동 395-7)
전화	02)374-8616~7
팩스	02)374-8614
이메일	gworldbook@naver.com
홈페이지	www.g-world.co.kr

ISBN 979-11-388-5006-3 (03360)

- 가격은 뒤표지에 있습니다.
- 이 책은 저작권법에 의하여 보호를 받는 저작물이므로 무단 전재와 복제를 금합니다.
- 파본은 구입하신 서점에서 교환해 드립니다.